AF303547

Originalausgabe

Umschlaggestaltung und Konzeption:
bei Irina Frider
© für den Text liegt beim Autor Irina F.
November 2011

Herstellung und Verlag:
Books on Demand GmbH, Norderstedt
ISBN 978-3-8448-0317-4

Männer!!!

Ich liebe Männer!!!, weißte die meisten sind so berechenbar wie ein PC. Und wenn eine Frau richtig denkt und fühlt sind sie ein einziges Geschenk. Das nur mal so.

Nein wirklich im Ernst. Der Mann, ist mit, das herrlichste Geschöpf, das es gibt. Ich liebe die Beschaffenheit der männlichen Haut sie fühlt sich so anders an, ich rieche Männer gern. Ihre unkomplizierte Denkweise. Ihre meist direkte Art zu handeln.

Und am meisten Liebe ich den Mann wenn er eingesehen hat dass die Erde rund ist, dass der Papst keine Bierhalle hier um die Ecke baut dass auch ein Mann ein Herz hat. Dass aber die Gedanken im Kopf sehr selten kompatibel sind mit dem Gefühl im Herz oder Bauch. Ich weiß ja nicht wo dein Gefühl sitzt. *zwinker*

Sie sind mit so wenig glücklich zu machen. Sie zu lieben ist so schön und so einfach. Ich würde sie nie ändern wollen, denn sie sind so OK wie sie sind.

Ich liebe die Reaktionen wenn ich einen Mann will. Wenn ich es zeige, wenn ich ihn anmache. Wenn ein

Mann dann seine Gedanken für mich öffentlich trägt. Wenn er plötzlich schwitzt. Den Geruch. Wenn ich das glitzern in den Augen sehe, die Sehnsucht nach..., die Geilheit auf.....

Ich mag es einen Mann so anzumachen dass er mit Freuden zu - an - in - auf mir kommt. Ich mag es wenn der Mann so geil ist dass ich es riechen kann. Ich reize gern.

Ich bin viel zu sehr Frau (und das sehr gerne) als dass ich Männer nicht lieben würde. Ich liebe es zu reizen, anzufassen, zu berühren, zu streicheln. Liebe die Art Mann am meisten die sich fallen lassen können. Die zugeben Gefühle zu haben, die sagen was sie Fühlen, denken, spüren. Die mir Sagen/Zeigen was sie möchten. Die mit sich selbst spielen und mir damit zeigen wie ich wo, warum und wie fest es gut tun kann. Die nicht erschrecken wenn "Frau" sagt und zeigt was sie wie, wo, warum und weshalb so haben will. Ich reize gerne, lang ausdauernd und liebevoll. Es gibt für mich mehr als nur SEX. Es sind da so viel verschiedene Schattierungen des Stückchens Himmel. Aber ich will es nicht wahllos mit irgendwem. Ich muss den mögen, riechen können. Ich muss so viel Vertrauen haben dass ich mich fallen lassen kann, bedenkenlos, anvertrauen und solang das nicht ist, bin ich Handwerker. Hab 2 gesunde Hände ;-)

Will mit dem herrlichen Männerkörper spielen dürfen, wann mir es danach ist. Will mit dem Verstand, dem Kopf, der Vernunft des Mannes auseinander setzten, diskutieren, meinen Verstand meine Sichtweise mit der männlichen duellieren lassen. Nicht wirklich und auf Teufel komm raus meine Ansicht durchsetzten, nur klar machen. Nur ein Mann kann das, eine Frau ist nicht so gestrickt, die meisten haben keine Meinung, oder sind zu sehr in ihrer Emanzipation verstrickt, dass sie den Blick aufs wesentliche verloren haben. Die meisten haben ihre Weiblichkeit verloren. Ich lebe meine Weiblichkeit gerne, ich zeige sie ansatzweise auch. Liebe mich so wie ich bin und werde. Ich habe eine Chance bekommen mich kennen zu lernen das tut weh ist schmerzhaft, angstvoll, macht verletzlich.

Ich liebe Männer! Denn die wissen damit umzugehen, die versuchen nicht zu verletzten wenn es anders geht, eine Frau würde das ausnutzen und jetzt erst recht.

Wenn ich rede, will ich dass man mir zuhört, net wenn ich erzähle, aber wenn ich was zu sagen habe. Den Unterschied wissen die meisten sofort.

Liebe Männer, ihre hochgezogene Augenbraue, ein verschmitztes Lächeln, die Wärme der Augen, die

Ausstrahlung von Kraft und Stärke. Die ganze Art die einen Mann ausmacht.

Liebe es wenn Fingerspitzen wandern, berühren jeden cm Haut und doch nur schwebend erwartend, reizend. Liebe die Verbale anmache. Zu sagen was ich denke. sich jederzeit auf eine Kollision mit der männlichen Logik einzulassen, zu diskutieren, wissen wollen, überzeugen, Ja Überzeugen, nicht überreden das bringt nichts nur wenn man überzeugt ist, es real fühlt und spürt nur dann ist es gut und richtig.

91

Leise kommst du spät in der Nacht nach Hause. Schnell ziehst du dich aus und schlüpfst zu mir ins Bett. Ups was ist denn das? Da liegt ja einer drin. Langsam streichen deine Hände über seinen Körper, vorsichtig wecken deine Hände seine Lust wieder auf. Von diesen Aktivitäten bin ich aufgewacht. Leise flüstere ich dir zu, darf ich dir Peer vorstellen? Sofort bist du steinhart und atemlos. Langsam rutsche ich tiefer um dich zärtlich in den Mund zu nehmen. Doch du ziehst mich hoch und sagst im Wohnzimmer liegt noch einer, ich habe dir Marcel mitgebracht. Schnell rutsche ich aus dem Bett, dich jedoch vorher noch nach unten drückend damit du Peers Speer richtig verwöhnen kannst.

Im Wohnzimmer sehe ich einen herrlich schlafenden Körper rumliegen. Schnell greife ich mir den weichen, warmen Schwanz und reibe ihn erst mal zur Einstimmung. Sofort wacht dieser Teil auf. Hart und dick reckt er sich mir entgegen. Leckerst kann ich da nur sagen. So gleich muss ich diesen Prügel besteigen. Nicht zu groß, jedoch welche Dicke. Einfach nur zum dahin knien. Sachte wiege ich mich auf ihm hin und her, durch die nasse Hitze von mir geweckt, stößt er immer wieder von unten hoch. Schnell erhebe ich mich von ihm, komm mit, gehen wir rüber, da haben wir noch mehr Spaß an der Lust. Kaum kommen wir zu euch, mache ich erst mal Licht damit wir uns auch sehen können. Denn Lust im Dunkeln ist doch nur eine halblebige. Mittlerweile ist Peer auch wach nicht nur sein Speer. Herrlich ist es anzusehen wie du diese geniale Länge immer wieder hoch und runter leckst. Wunderfein, wir er so tropft. Dein Schwanz zittert und wippt vor Freude und purer Lust. Schnell gebe ich Peer einen festen Klaps so schiebt er sich über dich, schiebt seinen langen Prügel in deinen Hals. Wenige Stöße reichen von ihm und er füllt dich, mit jedem Stoß schießt eine Ladung in deinen Hals. Heftig am Schlucken, ringst du nach Atem. Erschöpft, doch irrsinnig Geil liegst du weit ausgestreckt auf dem Rücken.

Peer legt sich entspannt neben dich. Mit einem Zwinkern fordere ich Marcel auf mit mir weiter zu spielen. Doch deine Hände kann und will ich dabei nicht haben. Schnell binde ich dir eine Hand weit von dir fest. Peer folgt meinem Beispiel und fixiert dich auf der anderen Seite. So knie ich mich über dein Gesicht. Leicht drücke ich dir meine von Peer gefüllte Spalte auf die Lippen. Sobald mich deine Zunge berührt hebe ich mich wieder. Tropfend vor neu erwachter Geilheit schiebt sich Marcel hinter mich, mit einem satten Schmatzen meiner Votze drückt er sich mit einem Stoß tief in mich. Überall um seinen heißen Plog dringt meine Sahne heraus und tropft dir ins Gesicht. Mein Gesicht tief über deinem Schoß, sauge mir leicht deine Eier in meinen Mund. dein praller Schwanz bebt in meiner Halskuhle. Fest von meinen Händen umspannt kannst du dich nicht bewegen. Mit einer Hand fass ich nach hinten, ziehe Peer zu mir heran. Er kniet nun zwischen deinen Beinen. Zum Glück ist er groß gewachsen so kommt er wundervoll leicht an unser warmes weiches Öl heran. Mit einem Strahl davon auf deine kleine feine Povotze massiert er dich nun mit seiner Länge. Hart treibst du deinen Schwanz in meinen Mund. fest greife ich in deine Eier, damit du dich noch zurück halten kannst. Deine Augen an meiner irre geweiteten Votze klebend siehst du diesen dicken Pflog in mir verschwinden und wieder kommend. Sacht drücke ich meinen Schoß tiefer. Langsam Marcel, mach vorsichtig. Vor Lust und Anstrengung zitternd schiebt Marcel seinen Pflog vorsichtig in meine weiche bereite Povotze. Mit leichten Stößen dringt er immer tiefer ein, so weit bis seine prallen Kugeln sich fest an meine triefende Votze drücken. Ein willkommenes und geiles Stoßen nimmt seinen Lauf. Mit jedem Stoß klatscht sein großer Sack an meine Votze. Deine Zunge schießt immer wieder heraus, leckt und kostet uns.

Mit aller Vorsicht und Geduld machen zuerst meine Finger deine Povotze weich und geschmeidig. Leicht dringe ich in dich ein, hart stößt du dich hoch. Dann folgt ein weiterer Finger, so dehne ich dich leicht und immer weiter. Doch das ist mir niemals genug. Heute mein Lieber, heute wirst du von einem realen harten heißen Schwanz entjungfert. Mit leichter Hand nehme ich Peers Speer aus seiner Hand in meine Hand, sofort kann ich spüren wie er noch härter wird. Sacht ziehe ich ihn zu mir her, dichter Mann, leicht umspielt meine Zunge die leuchtende Eichel. Zart knabbern meine Zähne an dem langen Schaft. Meine Finger immer noch dein Povötzchen verwöhnend. Sacht neige ich den Prügel, setzte ihn vorsichtig an dein Vötzchen, qualvoll langsam, für Peer, drückt er sich Millimeter für Millimeter in dich hinein. Kaum ist sein Köpfchen in dir verschwunden schießt deine Sahne mit einem Schrei von dir heraus. Benetzt mein Gesicht. Stein hart bäumt sich dein Körper auf, noch enger wirst du und Peer ergießt sich in irren Mengen in deiner Votze. Auch Marcel kann nicht an sich halten und füllt mich. Dieser Anblick macht mir rasend vor Lust und auch ich ergieße mich über deinem Gesicht. Satt und erschöpft die Glieder miteinander verknoten liegen wir vier ermatten zusammen.

Langsam gleiten wir in einen Schlaf der satten Befriedigung und gleiten immer tiefer in die Träume der Lust, bis einer von uns erwacht und wieder von vorne beginnt.

92

Überraschung, kurz vor Feierabend erscheine ich bei dir in der Firma. Musst du noch lange arbeiten, liegt noch dringendes an? Langsam lasse ich meine Augen über deinen Körper wandern, und was sieht mein Lustvolles Auge? Boah welche Schwellung in der Hose. Tu cool Lieber, du brauchst deine Kraft heute noch. Zum Glück ist ja gleich Wochenende, denn ich habe eine weitere Überraschung für dich. Schnell erledigst du die noch offenen Arbeiten und keine zwanzig Minuten später sind wir auf dem Weg die Firma zu verlassen. Komm lass und noch was essen gehen. Seufzend erfüllst du mir diesen Wunsch, doch gierig wie du bist willst du wissen was am Wochenende geplant ist. Doch du kennst mich doch, Eile mit Weile. Genieße doch erst mal die Freude davor die Freude darauf, was auch immer kommen mag. Schnell rutsche ich auf den Platz direkt dir gegenüber, schlüpfe flink aus meinem High Heel und mein Nylon umhüllter Fuß schiebt sich zwischen deine Beine. Mit sachtem Druck massiere ich dich damit durch die Hose. Atemlos wie nie, gibst du die Bestellung auf. Du brauchst alle Kraft um unbeteiligt in dem vollen Restaurant zu wirken und langsam fängst du an mit essen. Doch dein Zittern an meinem Fuß, macht auch mich wuschig und heiß. Komm Schatz, lass mal das Essen, du darfst dich schnell erleichtern. Leicht gebeugt, verlässt du den Tisch, um Minuten später entspannt fürs erste mit leichtem

Schritt wieder zu mir kommst. Jetzt können wir gemeinsam das Essen genießen. Kaum sind die Teller leer, bezahlst du und ziehst mich hinaus, heim zu dir.

Bei dir angekommen schaust du sofort nach ob es stimmt was ich dir im Restaurant gesagt hatte. Oh ja, genau ich habe meinen Slip daheim vergessen und saß unterm einem Rock nackt mit dir am Tisch. So schnell hast du noch nie die Hose abgestreift mich an die Wand gedrückt. Mit dem Kopf zwischen meinen Schultern presst du mich an die Wand, deine Hände öffnen meine Backen und mit aller Härte der du fähig bist treibst du dich irre vor Lust in meine Povotze. Doch kurz bevor du kommst, lässt du ab von mir, drehst mich um und drückst mich in die Knie, hart stößt du dich in meinen Hals um dich sofort zu ergießen. So lass und doch schnell duschen gehen, die Zeit rennt uns weg und wir haben noch ein wundergeiles Date vor uns. Schnell helfe ich dir beim Entkleiden, auch entledige ich mich meines Kleides, hab ja nicht viel an. Unter der Dusche, halte ich dich fest, bitte lass mich machen, es macht mich doch so an dich einzuseifen. Mit vollster Aufmerksamkeit schäume ich dich ein, zuerst leicht kreisend den Rücken, die Brust. Deine Haare wäschst du dir nebenher selbst. Sacht wandern meine Finger tiefer. Mit festem Griff nehme ich dich in die Hand und reibe dich mit glitschigen Seifenfingern. Dreh dich, genussvoll massiere ich deine Backen, spreize sie ein wenig und schäume dich auch da ein. Mit hartem Wasserstrahl spüle ich jede Seifenblase von deinem

Körper, hoch aufgerichtet wippe dein Pfahl, schon wieder gierig nach meiner Aufmerksamkeit. Langsam Schatz, langsam streichen meine Lippen über deine Brust, deinen Bauch, tiefer, dreh dich um. Sacht öffne ich deine Backen, die Zunge zügelt über deine feine Rosette. Leckt und schmeckt. Alle Seife weg. So drehe ich dich wieder mir zu. Deine Finger sind fest in mein Haar verkrallt und meine Lippen saugen, meine Zunge leckt und schmeckt. Immer härter und gieriger wirst du, mit Festem Griff um meinen Kopf fängst du an in leichtem Rhythmus meinen Mund zu vögeln. Doch bald drehe ich mich weg, meine Spalte läuft über, brennt vor Verlangen. Mit meinen Händen stütz ich mich in der rutschigen Wanne ab um dich dann zu bitten, Fick mich mein Hengst. Mach mich fertig. Dies lässt du dir nicht zweimal sagen. Kraftvoll nimmst du mich von Hinten, und in wenigen Stößen erreichen wir beide unsere Erfüllung.

Wundervoll entspannt verlassen wir gegenseitig getrocknet das Badezimmer um uns für unser Date heute Abend anzukleiden.

93

Du richtest dir deine Kleidung heraus. Doch ich schiebe das meiste davon wieder weg. In meiner Tasche kramend ziehe ich ein kleines Päckchen hervor. Werfe es dir zu und breit grinsend öffnest du es. Ein wundervoller schwarzer Nylonoverall kommt hervor. Leicht helfe ich dir hinein. Jeans und Shirt darüber und du bist völlig passend gekleidet. Hilfst du mir? Eine tiefschwarze Corsage hole ich für mich, kannst du mich bitte schnüren? Boah nicht ganz so fest. So ist es gut. Meine Brüste quellen oben fast aus der Kirschroten Spitze, mein praller Arsch leuchtet weiß zwischen der Corsage und den halterlosen Stümpfen. Du bist schon wieder knall hart bei diesem Anblick. Schnell noch einen kleinen Rock und in die High Heels. Den Blazer über die Schultern geworfen, bin ich fertig zum Ausgehen. Bist du auch soweit? Auto getankt? Können wir los? Ok dann sei so gut fahr mal auf die BAB Richtung nächstes Bundesland und Hauptstadt. Nein keine Sorge es ist nicht zu weit. Vier Ausfahrten weiter verlassen wir die BAB schon wieder, nun bitte ich dich die Plätze zu wechseln. Kurz bevor ich weiterfahre, geb ich dir noch eine Augenbinde, bitte tu es für mich. Du weißt es ist die reine Erfüllung deiner Lust.

Nach wenigen Minuten stelle ich den Motor ab. Öffne dir die Türe und führe dich in einen warmen nach Lust riechenden Raum. Keuchende Münder, lustvolle Schreie begrüßen uns. Langsam entkleide ich dich bis auf den Overall. Schnell hole ich dir noch die passenden nicht zu hohen Schuhe, doch es macht dich an sie anzuziehen. Dein Schwanz ist hart geschwollen unter dem Nylon, wundervoll reibt sich bei jeder Bewegung das zarte Gewebe an deiner empfindlichsten Stelle. Neben dir bleibe ich stehen, nein ich stell mich hinter dich, du sitzt auf einer kleinen Schaukel, lehnst dich an mich zurück, keine Sorge ich halte dich gut und sicher. Mit einer einladenden Geste fordere ich die anderen Besucher auf sich dir zu nähern. Münder Zungen, Finger und feste Hände ergreifen dich. Sie streicheln, kneten, massieren, lecken und saugen an dir. Bitte keuchst du lass mich sehen. Doch nein mein Lieber jetzt noch nicht. Nasse Lippen und Zungen verwöhnen dich durch das Nylon. Saugen an dir. Lass dich fallen, lass los. Schrei wenn du willst, und kaum habe ich dies gesprochen, ergießt du dich durch das Nylon mit einem kehligen Schrei. Jetzt binde ich dir die Augenbinde ab. Völlig hingerissen siehst du dich um. Was für eine Umgebung. Ein ganzer Haufen Männer umringen uns. Spielen miteinander. Lecken und ficken sich. Gierig saugst du dieses Bild in dich ein. Keuchend und zitternd sitzt du auf der Schaukel. Halte dich mal bitte selbst fest. Mit diesen Worten trete ich vor dich. Langsam lasse ich den Blazer von meinen Schultern gleiten, gierige Augen saugen sich fest an dem Dekolletee, sofort greifen deine Hände nach mir. Langsam gleitest du von der Schaukel, kniest vor mich hin und schiebst mir den Rock langsam über die Schenkel. Ich steige aus dem Rock und drehe mich langsam damit auch jedes Augenpaar sehen kann.

Von einigen hören wir, welch geiler praller Arsch. Und sofort sind wir beide im Spiel der heißen Körper, in der Gier nach purer Lust dabei. Jeder spielt mit jedem, gierige Lippen saugen dich. Deine flinken Finger reiben den einen, dein Mund saugt den anderen Schwanz. Einige haben mich in die Mitte genommen, halten mich und verwöhnen ohne Ende. Lecken und saugen. So an den Rand der Lust getrieben, suchst du einen Apoll aus, ein irrer Pfahl ragt von ihm weg. Genau der ist es denkst du. Sacht kniest du über mir. Meine Beine um deinen Rücken geschlungen, bietest du ihm meine Povotze an. mit einem schnellen harten Stoß dringt er bis in meine Mitte ein. Deine Finger öffnen meine Spalte, weiter Finge zupfen an meinen Lippen. Ein ganz flinker reibt meine Perle. So ausgefüllt und fast überreizt, spritze ich meinen Saft euch entgegen, mein Arsch wird knall eng und keuchend ergießt sich der Apoll in mir. Kaum hat er alles in mich gepumpt winkst du den nächsten her, mach weiter. Immer und immer mehr der Dritte ist grade fertig da schiebt der nächste ihn weg. Unter mir ist eine Lache heißen Spermas und Votzensaft. Du rutscht ein wenig zurück, stopfst mir deinen Schwanz in den Hals. Und plötzlich spürst du wie sich ein langer dünner Schwanz in deine Povotze bohrt. Mein Lecken und saugen sein Stoßen in deinen Arsch bringt dich auch wieder zum Sprudeln. Erschöpft und von deinen Orgasmen heute setzt du dich neben mich, rutsch doch lieber hinter mich, meine Beine hältst du hoch und weit und immer weiter werde ich durchgevögelt. Mal die Votze, mal den Arsch, einen jedoch oft zwei Schwänze in meinem Mund. eine Hand greift nach deinem Kopf ein kurzer Ruck und ein weiterer praller Pfahl dringt in deinen Mund. Dieses wilde rumgeficke, ein purer Genuss. Nach Stunden gemeinsamen Spieles, haben wir uns immer wieder mit Blicken verständigt. Beim Verlassen der Lokalität, haben wir drei, vier Telefonnummern von Jungs die sich gerne in kleinerer Runde mit uns treffen wollen. Welche Freude, diese Kontakte müssen wir pflegen. Das nächste Mal treffen wir uns dann bei mir. Bis dahin weitere geile Fantasien. Damit du weißt was du unbedingt noch machen, haben willst.

94

Peer hat sich angesagt. Welche Freude schon beim Gedanken dass er mich gleich besucht, bin ich doch so gleich tropfnass. Für Peer richte ich mich doch gleich geil her. Weiß ich doch dass er es liebt wenn ich in heißen Dessous vor ihm stehe. So hab ich mir, champagnerfarbene Halterlose angezogen, einen schwarzen BH aus reine Spitze und einen overt Spitzenslip in schwarz, dazu meine High Heels. Darüber ein blickdichtes knallrotes Minikleid. Welche Freude seine Augen leuchten zu sehen wenn er eintritt. Und dann die Begrüßung, hallo mein kleines geiles Luder, du. Sofort bemächtigen seine Hände sich meiner. Wildes fingern und kneten. Ertasten was sich unter dem Kleidchen verbirgt. Seine große Härte drückt sich fest gegen meinen Bauch.

Sacht schiebe ich Peer ins Spielzimmer, dort drücke ich ihn auf den Stuhl und ziehe mir sehr langsam das Kleid über den Kopf und aus. Hingerissen von diesem Anblick, mit leuchtenden Augen sieht er mich an. schmeichelt meiner puren Weiblichkeit damit. Langsam trete ich zu ihm ran, öffne sacht seine Hose und lasse den wundervollen riesigen Prügel heraus. So sitzt er nun, in Hemd und Jeans nur sein dicker, großer Schwanz leuchtet mich an. Sofort will er seine Hand darum schließen und ihn sanft reiben während er mich ansieht, wie ich mich vor ihm drehe und wende. Doch das kann ich nicht zulassen. Schnell nehme ich mir ein Seidentuch und binde seine Hände an den Seiten fest. Ein kurzes stutzen von seiner Seite, doch ich lass da nicht mit mir reden, sei still, sitze ruhig ;) und hör mir mal zu. Leise erzähle ich dir was ich mit dir so alles anstellen werde. Sanft stelle ich mein Bein hoch zwischen deine Beine, hart pulst dein Pfahl. Leicht beuge ich mich um den Tropfen der Lust in mich aufzunehmen. Als ich mich wieder erhebe, kommt dir ein Schwall meiner Lust in die Nase. Keuchend, sagst du, komm her du geiles Luder. Lass mich deine heiße Votze besser sehen. Leicht erhebst du dich mit dem Stuhl, drehst dich, damit ich einen besseren Halt habe. Langsam streife ich den Schuh ab, der in feines Nylon gehüllte Fuß, drückt sanft deine lange Härte. Sacht reibe ich dich damit. Immer härter und praller wächst dein Pfahl.

Schnell binde ich dich kurzzeitig los. Helfe dir flink beim Entkleiden. Jetzt ist es gut. Setz dich wieder. Sofort binde ich dir die Arme und Hände wieder fest. Langsam streicht nun meine Zunge über deine Brust. Die Finger und Hände folgen. Mit leichtem Druck nehme ich dich in die Hand. Herrlich wie er darin erzittert. Komm sag mir was du denkst. Du geile Schlampe sprudelt sofort hervor, mach mich los, ich zeig dir was dir dann blüht. Welch geiles Versprechen. Doch wir haben Zeit Peer, langsam ich will dich willig, am Verglühen haben. So trete ich von dir, nur ein, zwei Schritte. Sacht beuge ich mich, so dass nur mein praller, geiler, weißer Arsch dich anleuchtet. Die schwarze Spitze, der Kontrast er erregt dich weiter. Leicht gleitet ein Finger von mir nach hinten. Öffnet die Spitze deinen Augen, und volle fleischige Lippen teilen sich. Glänzende Nässe, der Duft purer Geilheit und Lust trifft auf dich. Schnell dreh ich mich dir wieder zu, gehe weit gespreizt in die Knie, um dich sofort hart tief in meinen Hals zu saugen. Wimmernd vor Lust ergießt du dich gleich tief in meinem Hals. Du zuckst heftig zurück als ich vorsichtig weitersauge. Lass ab, bitte, ich bin leer, du hast mich erst mal geschafft.

So befreie ich dich von den Fesseln, ziehe dich mit auf die Liege und sogleich bemächtig sich dein Mund meiner triefenden Votze. Leicht liegt dein erschlaffter Schwanz in meiner Hand. Sanft reibe ich. Wohlig stöhnend nimmst du es an. Tief dringen deine Finger in mich ein. Hart fickst du mich damit bis ein großer Schwall meiner Lust deine Hand ertränkt. Schnell senkst du den Kopf, nimmst meine Gier und meine Lust mit den Lippen und der Zunge auf. Sacht drückst du einen Finger in mein Povötzchen. Sofort durch den Druck in meinem Arsch und deiner flinken Zunge komme ich ein weiteres Mal. Du bist wieder zur vollen Länge und brutaler Härte in meiner Hand gewachsen. Sacht drehst du mich auf die Seite. Eine Hand spreizt meine Backen und sacht drückst du dich in meine kleine enge Arschvotze. Tief immer tiefer drückst du dich hinein. Kaum bist du mit deiner wundervollen Länge in mir verschwunden, drücken und kneten deine Hände meine Titten. Rollen die steinharten

Warzen zwischen den Fingern. Ich nehme eine Hand von dir und führe sie zu meiner kleinen Perle die in meinem Saft schwimmt. Langsam und stetig stößt du dich immer noch tiefer in meinen Arsch. Mit jedem Stoß werde ich geiler und enger. Immer härter und länger wird dein Schwanz. Sanft reibst du meine Perle und in wenigen Augenblicken ergieße ich mich schon wieder über deine Hand. Fest zieht sich meine Povotze zusammen bei den heißen Wellen die mich überspülen und in wilden Stößen schießt deine Sahne in mich. Fest umklammert hält mein Arsch deinen Pfahl fest. Sacht wiege ich mich hin und her, und langsam wirst du wieder prall und hart in mir. Leicht drehe ich meinen Oberkörper damit du besseren Zugang zu meinen Titten hast. Meine Hand greift nach deinem Kopf und ich ziehe dich fest an meine Brust. Hart saugst du an den Knospen. Deine Zähne kratzen darüber und wieder überrollt mich eine heiße Welle der Lust. Hart stoße ich mich gegen dich, tiefer und immer tiefer dringst du in mich ein, gut geschmiert von deiner Sahne ist es ein pures Vergnügen.

Wild keuchend und hart stoßend treiben wir immer weiter im Strudel der Geilheit. Leise höre ich dir stöhnend zu. Meine geile Stute, welch ein Genuss ist es deinen Arsch zu vögeln. Du geile Sau, komm näher, hart drehst du mich auf den Bauch. Deine Hände umspannen mich, ziehen meinen Arsch ein wenig hoch und in wildem Hämmernd treibst du dich machtvoll hinein. Hart klatscht deine Hand auf meine Backen. Mich immer weiter an den Rand der Lust treibend, reitest du mich mit aller Härte. Aufbäumend komme ich dir entgegen, doch sofort drück deine Hand mich wieder hinunter. Plötzlich hörst du auf, bitte Bettel ich dich an, nicht jetzt, ich brauch dich jetzt gerade steinhart und wild. Doch du lässt dich nicht erweichen. Tief in mir verharrend, beugst du dich über mich. Meine wundervolle geile Lady, du versautes Luder, ich nehme dich wie es mir passt. Sanft ziehst du dich fast völlig heraus, um dich dann mit aller Macht wieder in mir zu versenken. Qualvoll langsam holst du mich vom Rand der Erlösung weg, nur um mich dann mit harten schnellen Stößen wieder dahin zu treiben. Minutenlang ist nur unser Keuchen und stöhnen zu hören. Eine Hand von dir schiebt sich unter mich. Zwischen zwei Fingern rollst und drückst du meine Perle, dein Schwanz tief in mir verharrend, genießt du jede Muskelbewegung im innersten von mir. Jede Welle der Lust von mir, überrollt dich. Kaum kannst du noch an dir halten. Jetzt mein Stecher, mein geiler Hengst, nimm mich, ramme mir deinen Pfahl tiefer und härter hinein, ich brauche diese Härte jetzt. Sofort nimmst du meine Bitte auf und in wildem hartem Ritt fliegen wir unserem Orgasmus entgegen. Ein großer Schwall meines Votzensaftes trifft auf deine Schenkel, als ich schreien mich ergieße. Sofort kann ich auch die Hitze deiner Sahne in mir spüren. Hart halte ich dich fest, während deine Sahne aus mir heraus quillt. Keuchen noch in mir vergraben fällst du auf mich. Fest umklammern deine Arme mich und so rollen wir zur Seite. Bleib in mir bitte, nur noch ein klein wenig. So gesättigt und erschöpft, genießen wir gemeinsam die Wellen der Lust die uns beide noch überspülen. Später irgendwann, die Zeit ging uns verloren, rappeln wir uns auf und gehen gemeinsam Duschen.

Noch was zum Trinken mein Lieber? Nein? Schnell bist du dann wieder angezogen. Fest nimmst du mich in den Arm, auf Bald, höre ich noch und schon bist du nach Stunden gemeinsamen Spielens und Ausleben unserer Lust wieder weg.

95

Freitag kurz vor Mittag und plötzlich klingelt das Telefon. Hast du eventuell ein klein wenig Zeit für mich? Bin grad in deiner Nähe und könnte in Kürze bei dir sein. Für dich mein Freund habe ich immer Zeit. Also schnell aufgesprungen, unter die Dusche und mich leckerst herrichten für dich. Heute wähle ich einmal den Kontrast. Weißen Spitzenbh, weißen Spitzen-Overtslip dazu schwarze Halterlose, meine neuen elf cm High Heels und ein schwarzes Kleidchen. Die weiße Spitze des BHs spickelt am Dekolletee hervor. Nun bin ich ja heute direkt einmal in deiner Augenhöhe. Kaum bin ich für dich fertig angezogen kann ich dich im silbernen Auto auch schon vorfahren sehen. In großen Schritten läufst du zur Türe, die schon für dich summt. Drei, vier Schritte und du steht bei mir in der offenen Türe.

Schnell ziehst du mich in deine Arme, mit einem Tritt schließt du diese hinter dir, während du mich mit deinem Mund verschlingst. Überall sind deine Hände, streichen noch über wärmende Kleidung. Hitzig lecken und saugen wir aneinander. Mit einer kleinen Drehung treten wir ins Spielzimmer ein. Auch da ein kleiner Tritt und sofort fällt die Türe zu. Gierig erforschen mich deine Hände. Ziehen das Dekolletee herunter, deine Augen leuchten bei der in Spitze gehüllten weichen Fülle. Hart fasst du ins Kleid. Deine

Andere Hand schiebt sich schnell unter das Kleidchen. Knetend verwöhnst du meine Pobacken. Fiebrig vor Lust, befreien wir uns von den störenden Kleidern. Fix bist du ausgezogen, präsentierst dich mir in herrlicher Nacktheit. In meinen High Heels vor dir stehend, ziehe ich leicht mein Kleid übe den Kopf. Glänzend, leuchtend schaut dich mein Venushügel an. hart ziehst du die frische Luft ein. Wild greifst du nach meinen Brüsten.

Welch eine Freude, ich kann endlich wieder einmal deine große, samtige Härte in der Hand halten. So mehr als nur dicht aneinander gepresst, erforschen wir uns. Deine kleinen festen Backen erfreuen mich genauso sehr wie dein wundervoll, großer Schwanz. Langsam drehe ich mich von dir weg. Schiebe meinen weißen Slip über den Po, die Schenkel hinunter und steige heraus. Nun stehe ich in all meiner weiblichen Pracht vor dir nur noch in Halterlose und High Heels. Schnell greifst du wieder nach mir, deine Zunge tief in meinem Hals, schiebst du mich mit zärtlicher Härte zur Liege. Dein Schwanz reibt dich fest an meinem Po. Drängelt, fordert. Du meine geile, heiße Stute raunst du in mein Ohr und hart weitet mich dein Finger, erst einer dann ein weiterer. Mein Saft schießt hervor. Schon der Gedanke an dein Herkommen machte mich ja bereit und tropfnass. Sofort schiebst du deinen Pfahl in meine triefende Votze. Rein und raus, zwei, drei Mal und schon verlässt du meine Spalte wieder. Saugend an deiner Zunge bettel ich um mehr. Bitte mein Lieber, gibs mir, zeig mir deine Lust,

deine Freude, deine Härte soll mich in den Himmel
der Lust treiben.

Doch du willst mich heute leiden lassen, mit den
Fingern treibst du mich hoch und höher, dein
Schwanz reibt sich an meinem Po. Immer wieder
drängt er dagegen. Deine Finger wechseln, holen den
herrlichen Saft von meiner Votze und reiben die kleine
Povotze geschmeidig und bereit für deinen Pfahl.
Sacht umfassen meine Finger dich fest. Reiben dich,
so gerne möchte ich dich auf der Zunge spüren, doch
heute lässt mir dazu keine Change. Schnell drehst du
mich auf den Bauch. Deine Finger öffnen die Backen,
dein Pfahl dringt ein. Langsam Lieber, langsam. Sacht
drückst du dich immer tiefer. In Wellen schließen sich
meine inneren Muskeln fest um dich. Tief und hart
bist du bis zum Anschlag in meinem Arsch. Hart
greifen deine Hände nach meinen Titten. Wild
knetend mich hart stoßend forderst du uns. Du ziehst
dich immer wieder fast zur Gänze heraus nur um dich
dann noch härter noch tiefer in mich zu bohren. Wild
vor Lust und purer Geilheit bäumt sich mein Körper
unter dir auf. Jedem deiner Stöße komme ich mit
gleicher Härte entgegen. Empfange dich keuchend,
wimmernd vor Lust aufschreiend. Welch wunder-
herrliches Gefühl. Du bist so Hart, so groß und dick.
Jeden Millimeter von dir kann ich tief in mir spüren.
Hart schließen sich meine Muskeln immer wieder um
dich. Massieren und locken. Immer härter und
schneller stößt du zu. Wild und wilder, dich
aufbäumend, keuchend, heiß schießt deine Sahne tief

in mich. Erfüllt mich treibt mich höher in meiner Lust. Sacht ziehst du dich zurück, drehst mich und verwöhnst nun meine Votze mit harten Stößen. Tief in mir lockt dein Finger. Sacht reibt ein weiterer meine Perle. Hart kannst du meinen Puls durch die triefende Votzennässe spüren. Wild ergieße ich mich heiß in deine Hand.

Keuchend liegen wir noch kurz beieinander. Sry ich muss leider wieder gehen, und schon begibst du dich ins Bad. Kaum bist du wieder bei mir, ziehst du dich auch schon an. Danke Liebes für den geilen Fick. Hab extra einen Termin für dich verschoben, ich war so gierig nach deiner Lust. Du bist die heißeste Stute, das perfekte Luder für mich. Bis bald ich melde mich.

96

Weißt was mir gerade so gut tun würde? Wenn ich nur daran denke werde ich nass und mehr als heiß. Kurzfristig könntest du wieder bei mir deine Mittagspause verbringen können. Schnell hübsche ich mich für dich auf. Nun steh ich vor dem Kleiderschrank und bin am Überlegen mit was ich dich heute erfreuen könnte. Kennst du denn schon meine kleine schwarze Corsage? Die mit der roten Spitze? Dazu würde vorzüglich auch der kleine schwarze Overt-Slip aus Spitze. Halterlose mit breiter Spitze am Abschluss und meine neuen elf Zentimeter hohe High Heels. Ahhh, fast hätte ich es vergessen. Schnell nochmal ins Bad, denn heute möchte ich dich tief hart und prall in mir spüren. Fix hole ich das Töpfchen mit der weichen, warmen Creme, ein Finger tief hinein und das kleine, enge Povötzchen für deinen wundervollen Schwanz bereit und weich massiert. Kaum bin ich fertig für dich gerichtet, klingelst du auch schon.

Kaum bist du eingetreten, als du dich auch schon überm ich hermachst. Die Lippen saugen sich aneinander, die Zungen fechten ein liebevolles, geiles Duell miteinander. Immer heißer und nasser werde ich. Sacht schließe ich meine Hand um deine wundervolle Härte durch die Hose. Keuchend schieben wir uns gegenseitig ins Spielzimmer. Schnell entledigst du dich, mit meiner Hilfe, deiner Kleidung. Leg dich mein Lieber, ich will dich so ausgestreckt haben. Schnell greifst du dir das dicke Kissen, lehnst es gegen die Wand und machst es dir bequem. Ich trete nochmals zwei Schritte zurück. Sehr langsam öffne ich die vielen kleinen Haken der Corsage, langsam mit jedem Haken der sich öffnet quillt mein Brust hervor. Leuchtende Augen beobachten jeden Zentimeter den ich freilege. Fast habe ich es ganz geöffnet, da drehe ich mich um, zeig dir die stramm geschnürte Rückseite. Dort wo die Grübchen über meinem Po liegen hat sich die rote Schleife des Satinbandes abgelegt. Die Bändel liegen satt und fest zwischen den prallen Backen. Sacht beuge ich mich vor, leicht gleiten die Bänder nun heraus, ich kann deinen heftigen Atem hören. Hart liegt dein Pfahl in deiner Hand. Langsam Lieber, nicht reiben, denn wenn du bei mir bist, gehört das Prachtexemplar mir! ;) Über meine Schulter sehe ich dir zu, sacht streichen meine Hände über meinen Po. Zeigen dir die feine Spitze des Overt-Slips die links und rechts nun über die Backen spannen. Immer mehr Gier leuchtet mich aus deinen Augen an. Sacht streife ich nun auch sehr langsam den Slip ab. Nackt bis auf die High Heels und die Halterlosen stehe ich nun vor dir.

Mit zwei Schritten bin ich bei dir auf der Liege. Hart bemächtigst du dich nun meiner Brust. Fest knetend, wild saugend verwöhnst du die prallen Hügel. Eine Hand von mir greift sich deinen Prügel, einen nach deinem Kopf, will deine Zunge spüren. Wild sauge ich mich an dir fest. Keuchend gierig nach mehr, lasse ich dich doch frei. Mache doch mal die Lade oben auf, raune ich dir ins Ohr. Vieles buntes Spielzeug lacht dich daraus an. Wundervoll glänzende blaue Kugeln findest du da. Bitte mein Lieber, fülle doch meine heiße Spalte damit. Schnell drückst du die zwei glänzenden Kugeln in mich hinein. Hart nehme ich deine Hand, komm streichel mich, ja dort die kleine harte Perle lechzt nach dir. Deine Finger geben mir wie auch deine Zunge ein herrlich lustvolles Gefühl. Heiß dringt mein Saft schon an den Kugeln vorbei heraus.

Leicht schiebe ich dich nun zurück. Will meinen Saft von deinen Lippen lecken. Neben dir kniend, so dass du einen herrlichen Blick auf die feuchte Votze hast neige ich mich über dich. Du bist so wundervoll groß fast bekomme ich dich nicht in den Hals. Flink leckt meine Zunge überall den harten Schaft. Immer größer wird er bei dieser Behandlung, schon quillt der erste Tropfen auf meine Zunge. Schnell lecke ich den Tropfen weg, ich schmecke dich so gerne. Zart ziehe ich deine Kugeln in meinen feuchten Mund. Die Zunge rollt sie hin und her.

Deine Finger massieren meine weiche Povotze. In deinem eigenen Rhythmus dringst du immer tiefer ein. Machst mich bereit für deinen großen Schwanz. Als wir beide es fast nicht mehr aushalten können, drückst du mich in die Laken. Doch da wehre ich mich. Bitte Lieber anders. Schnell drehe ich mich um, ziehe mich hoch und liege nun fest in den Kissen an der Wand. Hart greifst du meine Beine, drückst sie hoch. Ich führe deinen prallen Pfahl, sanft drückst du dich in den Arsch. Wimmernd vor Freude, keuchend vor Lust nehme ich dich ganz auf. Leicht lehnst du dich zurück, mit meinen Händen halte ich meine Beine weit, hoch und voll geöffnet deinem Blick. Die Kugeln in meiner Votze bringen dich schier zum Platzen. Doch du hältst inne. Immer wieder kannst du bei meinen Kontraktionen das glänzende Blau der Kugeln sehen. Tief in mir spürst du sie mit aller Macht. Sacht reibt ein Finger von dir meine kleine Perle. Hart geschwollen drängt sie aus ihrem Versteck. Immer enger wird meine Povotze, jede Bewegung von uns massiert dich. Immer noch ruhst du groß, hart und prall tief in mir. Sacht kreise ich mit dem Becken, dich immer weiter reizend. Plötzlich greifst du nach meinen Hüften, nimmst mich hoch und rammst dich immer und immer wieder hart und tief in mich hinein. Hitze überschwemmt mich. Hart pulsierend schießt deine Sahne in meine Tiefen, im gleichen Moment sprudelt auch meine Votze und mein Saft rinnt deine Eier entlang aufs Laken. Vorsichtig ausgelaugt und fertig, ziehst du dich aus mir zurück. Satt, leer und zufrieden legst du dich noch ein klein wenig zu mir.

Sry mein geiles Luder, ich muss leider los die Arbeit wartet. Ich biete dir noch einen Kaffee, Tee oder Wasser an, doch wie immer höre ich von dir, ich wollte nur dich, heiß, lustvoll und gierig nach mir. Bald werden wir uns wieder sehen.

97

Hab dich eingeladen, hoffe du kommst auch. Schnell werde ich mich für dich richten. Wie immer habe ich die Qual der Wahl beim Anziehen. Mit was soll ich dich denn heute erfreuen? Hmm a-ja ich habs, heute ziehe ich für dich ein kleines feines Set an, Rosa-Lachsfarben und Altrosa Stickerei. Die Stickerei am String weist dir den Weg zu deiner liebsten Öffnung. Darüber, was meinst? Ein Hauch von nichts in Schwarz. Feine Halterlose und meine liebsten und höchsten High Heels. Will deine Augen leuchten sehen, deine fahrigen Hände wenn sie mich verschlingen und erkunden. Schnell noch mal ins Bad, hätte ich doch fast vergessen, mein Povötzchen will ich gleich weich und geschmeidig für deinen großen, harten Prügel machen.

Endlich, endlich seh ich dich vorfahren. Fix bin ich an der Türe, wie immer rennst du mit wenigen Schritten zu mir in den ersten Stock. Schnell dränge ich dich ins Spielzimmer. Heute möchte ich dich genießen, nach meinem Gusto genießen. Komm Lieber hilf mir, dich von deiner Kleidung befreien. Lach, ja lass mich mal los, ich gehe dir nicht verloren. Gleich bekommst du mich ja wieder, mit all meiner Lust und Gier. Während du dir Hemd und Shirt ausziehst, widme ich mich deiner Hose. Schnell ist diese geöffnet, hart pulsend kommt mir dein Schwanz entgegen. Schnell sauge ich dich tief in meinem Schlund, die Hände streichen die Hose und den Slip über deinen Po, die Beine runter. Ein Schritt mein Lieber nur ein kleiner Schritt so steigst du aus deinen Kleidern. Sacht kneten meine Hände den herrlich kleinen, knackigen Hintern von dir. Meine Zunge leckt die wundervolle Länge entlang. Fest reifst du mir ins Haar, wundervoll schmiegt sich dein Schwanz an mein Gesicht, genießt die Aufmerksamkeit meiner Lippen und Zunge. Sanft schiebe ich dich an die Liege, bitte Lieber, lass mich dich verwöhnen. Bequem legst du dich in die vielen Kissen. Die Luft warm vom Kerzenschein vieler Kerzen. Wohlig warm und nackt liegst du nun auf der Liege.

Sacht spreize ich deine Beine, lasse mich dazwischen nieder leicht senke ich den Kopf, doch du kannst immer noch gut zusehen, was meine Zunge nun alles mit dir macht. Zuerst jedoch widme ich mich deinem Sack, die Kugeln darin sie locken mich jedes Mal aufs Neue. Leicht ziehe ich den Sack in meinen heißen, feuchten Mund. meine Zunge rollt die kleinen, feinen Kugeln hin und her. Zart knabbern meine Zähne an der empfindlichen Haut. Saugen, locken, spielen. Dein Schwanz wippt an meiner Wange. Du willst mehr, ziehst mich zu dir hoch. Langsam mein Lieber, langsam. So von dir hochgezogen, liegt dein praller Pfahl nun satt und weich zwischen meinen Brüsten. Hart schiebst du dich immer wieder hin und her. Jedes Mal wenn deine heiße Spitze hervorkommt, empfange ich diese mit meiner nassen Zunge. Schnell ein kleiner

Zungenschlag, fix komplett darüber geleckt und schon wieder ziehst du dich zurück. Leicht fasse ich nun nach deinen Händen. Dich so haltend, streift nun meine Zunge, meine Lippen über deine, saugen, knabbern an deinen Lippen. Sacht spielen die Zungen miteinander, langsam nicht so eilig, ich will dich heute völlig genießen.

Dich weiterhin an den Händen haltend, streifen meine Lippen über dein Gesicht, den Hals hinab, lecken, locken deine kleinen Warzen. Saugen und streifen sie federleicht. Leicht und feucht wandert meine Zunge weiter, über den wundervollen Bauch, den Flanken entlang, zarte kleine Bisse, beschwichtigendes Lecken des leichten Schmerzes. Immer weiter nach unten wandere ich nur mit Lippen, Zähnen und Zunge berühre ich dich. Oh ja, jetzt bin ich an den Lenden angekommen. Hart schiebt sich dein Schoß mir entgegen. Psssssssst langsam. Mit der vollen Zunge streiche ich nun über die herrliche Länge deines Schwanzes. Hmmmmm der hört ja gar nicht mehr auf ;) wundervoll. Sacht knabbere ich daran. Sauge lecke streichle. Langsam lasse ich deine Hände frei. Denn ich brauch meine ;) fest umfasse ich deinen Po, leicht drücke und knete ich, während meine Lippen langsam deine Länge entlangwandern. Oben angekommen sauge ich einmal und sofort erhebt sich dein Pfahl, sacht hebst du deinen Schoß und fast deine ganze Länge dringt in meinen Schlund. Herrlich wie du mich ausfüllst. Sacht lecke und sauge ich daran. Dich immer weiter in die Höhe der Lust treibend. Oh schon kann ich dich pumpen spüren. Schnell lasse ich ab von deinem Pfahl. Mit leichten Küssen bedecke ich deinen Bauch. Lecke die Lenden. Knete deinen Knack-Arsch. Ich mag deinen Körper, kann einfach nicht genug davon bekommen. Langsam schiebe ich mich wieder tiefer. Nehme dich tief in meinen Mund auf, sauge hart und lecke zart. Schon wieder stehst du am Rand. Leicht erhebe ich mich über dich. Komm hilf mir. Fest nimmst du dich in die Hand. Über dir Sitzend lasse ich mich langsam tiefer auf dich sinken. Mit Leichtigkeit verschwindest du in meiner Povotze. Tief, tiefer, ich will dich völlig in mir spüren. Hin und her winde ich mich. Leicht kreisend, dich innerlich aufs heftigste massierend. Sacht schiebst du nun auch noch einen Finger in meine Votze. Herrlich diese Enge. Bitte noch einen. Schnell erfüllst du mir diesen Wunsch. Leicht bewegst du deine Finger in meiner triefenden Votze. Dein Daumen liegt satt und fest auf meiner Perle. Mit jeder meiner Bewegungen reizt du, reibst du. Nun bin auch ich schon fast am Rand der Erfüllung. Still halte ich auf dir, dich fest umschließend in meinem Arsch. Immer schneller reibst du meine Perle, immer fester bewegst du dich in mir. Langsam drückst du noch einen dritten Finger in mich hin. Und in diesem Moment völlig gedehnt, ausgefüllt und keuchend voller Gier und Lust, explodieren wir gemeinsam.

98

Hallo mein Lieber, welche Freude hatte ich als ich gestern deine Mail gelesen hatte. Lass dich mal ansehen, herrlich, meine Augen erfreuen sich immer wieder an deinem Körper. Du gehst gleich in die Knie, gierig schiebst du mir mein kurzes rotes Kleid nach oben, fest umfasst und drückst du meinen Po, durch das feine Satingewebe. Schnell stehst du wieder auf, sofort ziehst du an dem kleinen Kleid und entfernst es von meinem weichen Körper. Mit leuchtenden Augen bewunderst du meine Fülle die ich in zartes brombeerfabenes Satin Set gehüllt habe. Wundervoll weich und geschmeidig schmiegt es sich an meine Rundungen. Durch die Spitze schimmert meine weiße Haut durch. Gierig plünderst du meine Lippen meinen Mund. Hart greife ich dir in den Schritt, will dich spüren.

Sacht kann ich deine Zähne an meinen prallen Brüsten spüren. Leicht kratzen sie über die steife Warze. Schnell öffne ich dir deine Hose, schiebe sie nach unten und sofort steigst du da heraus. Ineinander verschlungen betreten wir das Spielzimmer. Sofort drängst du mich auf das Bett, drehst mich auf den Bauch und schiebst mir sofort und mehr als gierig deinen Prügel in die weiche Povotze. Keuchend bist du hinter mir, leicht kreise ich mit meinem Becken, massiere dich tief in mir. Langsam schiebe ich meine

Hand unter mir hindurch und mit jedem tiefen Stoß von dir, drücke ich sacht deine Eier. Fest umspannen deine Hände meine Brüste. Hart komme ich dir mit bei jedem Stoß entgegen. Wild Pulsend ergießt du dich heiß in meine enge Povotze. Sacht und weich gleitest du aus mir heraus. Atemlos fällst du neben mir in die vielen Kissen.

Doch ich habe noch nicht genug von dir, langsam drehe ich mich, knie über dir, meine nasse Votze leuchtet dich an. Langsam dringt deine Sahne aus mir heraus, tropft dir auf die Brust. Während ich leckend und saugend deinen Prügel tief in meinen Hals sauge. Langsam wachst du wieder auf. Herrlich das Gefühl wenn du in meinem Mund wieder hart und groß wirst. Hart und prall zitterst du in meiner Hand. Leicht streicht meine Zunge über deine volle Länge. Immer weiter hoch leckt und saugt mein Mund und Zunge über deinen Körper. Immer heftiger geht dein Atem. Fest drängst du deinen Schoß gegen mich. Mich neben dich legend, ein Bein über deine Hüften, hältst du mich fest, sacht führe ich deinen Pfahl an meine triefende Votze und schmatzend dringt dein Schwanz ein. Mal schnell mal langsam lasse ich mein Becken kreisen, locke dich damit immer tiefer in mich hinein. zum Bersten gefüllt gleitet deine Hand zwischen uns, ein Finger dingt in meine von dir geschmierte Povotze, dann zwei, Rhythmisch, mit meinen Stößen, mein Winden auf dir, spielen deine Finger mit der weichen engen Povotze. Hart greifst du nach meinem Bein, drückst es hoch und ziehst dich völlig aus meiner tropfende Spalte. Mit einem harten Stoß versenkst du deinen Prügel wieder in meinem bereiten Arsch. Ja ich weiß dieses Loch magst du am liebsten. Schmatzend dringst du ein, ziehst dich qualvoll langsam wieder heraus nur um dich noch härter und fester in mich zu stoßen.

Leicht drehe ich mich, öffne die Lade neben dem Bett und hole irgendeinen Dildo heraus. Sofort nimmst du ihn mir aus der Hand. Drückst ihn fest in meine heiße Votze. Mit den Fingern hältst du ihn tief in mir. Dein Becken stößt immer schneller und härter gegen mich. Diese brutale Enge bringt dich fast schon wieder zum Sprudeln. Doch du ziehst dich heraus. Verlässt mich. Mit dem Dildo in deiner Hand fickst du mich, schnell, hart, zart und langsam. Deine Lippen saugen sich hart an meinen Warzen fest. Dein Daumen liegt fest auf meiner Perle. Immer schneller hebe ich mich dir entgegen und plötzlich rammst du deine ganze Länge hart in meinen Arsch. Laut schreiend und lustvoll schwebend komme ich dir mit der gleichen Härte entgegen. Wild vögelst du meinen Arsch, den Dildo fest in meine Votze gedrückt, explodiere ich. Heiß dringt meine Sahne um den Dildo herum heraus. Wild hämmerst du deinen Pfahl immer fester in meinen Arsch. Keuchend ergießt du dich wieder und wieder in mich. Fürs erste gesättigt, schmiege ich mich an dich und langsam gleiten wir wieder zurück ins Leben.

99

Hab dich gefragt was du am Wochenende machst, wie immer, kam deine Antwort. Da will ich dir doch glatt eine Überraschung schenken. Samstagmorgen, du sitzt gerade bei einem Kaffee und einem Rauch als es klingelt. Schnell gehst du öffnen, dich fragend wer um die Zeit denn schon etwas von dir will. Du schaust durch den Spion, ein großer schwarzer Mann steht vor deiner Türe. Fix machst du auf, denn du sahst einen lecker gebauten Mann.

Kaum hast du geöffnet, hörst du auch schon, unsere Freundin schickt mich, Marc mein Name und schon legt sich seine Hand fest um dein Gemächt. Sacht trittst du zurück und er bei dir ein. Schnell kniet er vor dir, öffnet deine Hose und schiebt sie samt dem Slip hinunter. Seine heißen Lippen schließen sich sofort um deinen Schwanz. Sofort schwillst du an, wirst knall hart und gleich darauf kommt auch schon der erste Tropfen bei dir. Du schaust hinab, er zu dir auf während er dir den Tropfen genussvoll ableckt. Mit den Beinen schiebst du dich ein wenig weiter damit du die Türe schließen kannst. Mal hart saugend dann wieder spielerisch leicht streift dich seine Zunge. Fest greifst du in sein volles Haar, drückst ihn noch näher an dich ran und versenkst deinen Schwanz tief in seinem Hals. Keuchend nach Atem ringend nimmt er dich auf. Dein Sack presst sich fest an sein raues Kinn.

In kurzen harten Stößen dringst du immer tiefer und ergießt dich in einem heißen Schwall. Keuchend lehnst du an der Wand, sein Gesicht an dich geschmiegt. Leckt seine Zunge dich, lässt dir keine Ruhe. Schnell bist du wieder bereit.

Zieh dich aus, sagst du Marc an. Fix entledigt er sich seiner Hose. Deine Augen leuchten als du siehst was er darunter trägt. Ein feines Nylonhöschen schmiegt sich um seine prallen Backen. Fest greift erst eine, dann beide Hände danach. Hart knetest du den wundervollen kleinen Arsch. Leicht tippst du ihn an, auf seinen Knien präsentiert er sich deinen gierigen Augen. Dein Finger fährt seine Poritze entlang. Leicht ziehst du Marc wieder in die Höhe, deine Hand schließt sich fest um seinen Prügel. Mit einem Ruck drehst du ihn an die Wand. Hart schiebst du deinen Finger in seine Poritze, feuchte, glitschige Wärme empfängt dich. Du kannst nicht mehr an dich halten mit einem harten Stoß weitest du durch das feine Nylon die Povotze. Welch ein herrliches Gefühl. Das Gespinst des Nylons umschließt deinen Pfahl und hitzige Wärme empfängt dich. Leicht kommt Marc jedem deiner Stöße entgegen. Wild pulsend rammst du dich immer tiefer. Mittlerweile hat das Nylon ein Loch, fest umschließt es doch weiterhin deinen Pfahl. Sacht reibt das feine Gewebe über deine Eier, heizt dich noch weiter an. Marc fest an die Wand gedrückt lässt du all deine Gier und Lust an ihm aus. In kurzer Zeit sprudelst du wieder über. Füllst seinen Arsch mit deiner Sahne. Sacht ziehst du dich zurück. Marc steht keuchend an die Wand gelehnt vor dir. Ein leichtes Drücken von ihm und heiß tropft deine Sahne aus seiner Povotze, rinnt seine Beine hinab. Komm Duschen sagst du nur, danach zieht ihr euch wieder an.

Kommst du mit, fragt dich Marc, zu unserer Freundin? Schnell bist du dazu bereit. Fix eine Jacke übergestreift und ab geht es in meine Richtung. Da du momentan kein Auto hast freut es dich umso mehr, dass Marc fährt. Nach dem Duschen hat er nur seine Jeans angezogen, denn das Nylonhöschen hast du ja zerrissen. Nachdem ihr auf der BAB seid, rutscht Marc auf seinem Sitz hin und her. Sacht öffnest du den Reisverschluss, vorsichtig um ihm nicht wehzutun. Leicht hebt Marc seinen Po und du streifst sofort die Jeans unter ihm weg. Sofort beugst du dich auch. Mit langsamen Bewegungen leckst und knabberst du seinen Prügel steinhart. Immer Größer und Länger wird er, du schmiegst dein Gesicht an die samtige Härte. Langsam fährt Marc auf der rechten Seite weiter. Ein LKW-Fahrer sieht euch, schnell blinkt er links und rechts. In kurzer Strecke habt ihr einen Parkplatz vor euch. Marc hat die Einladung verstanden und fährt dem LKW hinterher und von der BAB runter. Kaum steht ihr, steigt Marc auch schon aus. Geht um den Wagen herum und bittet dich auch heraus. Der LKW-Fahrer ist nun auch bei euch. Von dieser prallen Härte genauso begeistert wie du, lässt er sich auf die Knie fallen. Schnell öffnest du auch deine Hose. Marc greift sich den Kopf des Fremden und hart vögelst du seinen Mund. wild rammst du dich in seinen Hals. Welche Freude dir doch Deepthroad macht. Wirklich kaum bist du völlig, fast sogar mit deinem Sack dazu, in seinem Hals als du auch schon kommst und in wildem Pulsen dich ergießt. Doch das ist dir nicht genug, schnell ziehst du dich heraus und zwingst Marcs Prügel in seinen Hals. Marc zieht den Fremden dichter an sich heran. Schnell öffnet der Fremde seine Hose für euch und hart wichst Marc dessen Pimmel. Zieht ihn nach hinten, presst dadurch dessen Eier auseinander. Keuchend und wimmernd fickt er dabei dessen Hals. Du trittst hinter den Fremden, drängst seinen Kopf noch dichter an Marc, und hart übernimmst du nun den Schwanz des Fremden. Wild rubbelst du, hart greifst du durch. Und in dem Moment als Marc seine Sahne in dessen Hals schleudert, kommt auch er. Dies zu sehen macht dich gleich wieder hart. Du drehst Marc ein wenig, dessen Schwanz immer noch im Hals des Fremden steckt und vögelst dich noch einmal leer in seinen Arsch.

Nach diesem Intermezzo, habt ihr es eilig zu mir zu kommen. Mit leuchtenden Augen und hart stehenden Schwänzen erzählt ihr mir voller Freude das erlebte.

100

Kaum seid ihr fertig mit erzählen schicke ich euch beide ins Bad, ich will euch frisch geduscht und nass zu meiner Verfügung. Mit dem Foto und der Kamera in der Hand folge ich euch. Herrlich anzusehen wie Black & White sich gegenseitig einseifen und abspülen. Sich dabei zärtlich reiben und anheizen. Mit leicht wippenden Schwänzen zeigt ihr mir euch. Sacht greife ich mir beide Prügel. Welch eine Freude. Nun ziehe ich erst den einen dann den anderen in meinen Mund. So dann nehme ich euch beide darin auf. Wild und noch nicht gesättigt drängst du aus dem Bad. Marc nehme ich am Schwanz und ziehe ihn mit in unser Spielzimmer. Schnell legt er sich lang. Mein Mund bemächtigt sich seines Prügels während du schon wieder deinen hart bis zum Anschlag in seinen Mund rammst. Es macht mich irre an dies zu sehen.

So lasse ich ab von Marc, protestierend nimmt er es zur Kenntnis. Sacht trete ich hinter dich. Mein Finger nimmt einen dicken Klecks Creme um dein Povötzchen schön geschmeidig zu machen. Dann greife ich mir einen wundervollen kleinen Dildo und drücke diesen in dich hinein. Dieser Druck lässt dich sofort spritzen. Den Dildo in deinem Arsch ersetzte ich nun gegen das kleine feine Vibro-Ei. Nehme dich an die Hand, setzt dich auf einen Stuhl und fixiere dich so. Dann erst widme ich mich wieder Marc. Denn der ist nun zu meiner Freude fällig. Sich windend vor Lust liegt er vor mir. Leicht hebe ich seine Beine, binde sie mit seinen Armen zusammen. So muss er sie oben halten. Deine Augen saugen sich sofort an seinen wippenden Prügel fest. Meine Titten streifen den Schwanz. Keuchend zieht Marc nach Luft. Sanft massieren meine Finger nun seine Povotze geschmeidig. Deine Sahne hat da schon gut Vorarbeit geleistet. Schnell hole ich meinen Lieblingsdildo, er ist fast so schwarz wie Marc. Dick und hart ist er, damit streiche ich erst seine Poritze entlang um dann mit einer kleinen Drehung diesen fest in ihm zu versenken.

Laut aufschreiend bäumt er sich auf. Sein Prügel wird noch härter, reckt sich gierig in die Höhe. Langsam setze ich mich über ihn. Die Hände nach hinten neben seinem Kopf aufstützend lasse ich mich leicht und langsam auf seinen Schwanz nieder. Langsam siehst du den großen schwarzen Schwanz in meinem Arsch verschwinden. Dein Pfahl regt sich wieder. Du zerrst an den Fesseln und willst dich reiben. Doch es geht nicht. Sacht und qualvoll langsam reite ich den herrlichen Schwanz. Immer tiefer dringt er in mich ein. Mein Saft dringt aus meiner Votze. Der süße Geruch der puren Lust erfüllt das Zimmer, wabert um uns herum und macht uns noch heißer. Leicht hebe ich mich, Marcs Pfahl leitet aus mir heraus. Mit meinen Fingern öffne ich meine triefende Votze deinen Augen. Wimmernd bettelst du näher kommen zu dürfen. Ich binde dich fix los. Dann drehe ich mich wieder zu Marc. Sacht lasse ich mich wieder auf ihn nieder. Der Dildo weitet ihn massiert seine Perle im Inneren. Sein Pfahl massiert mich innen und schnell ziehst du Marc den Dildo heraus, versenkst ihn hart in meiner Votze. Mit deiner Hand hältst du ihn dort fest. Ich lehne mich zurück, gebe dir mehr Raum und die Möglichkeit mitzuspielen.

Hart stößt du dich gleich in Marcs Arschvotze. Es macht dich noch härter. Ich schiebe deine Hand weg, ziehe den Dildo aus mir heraus, dreh mich auf Marc und sein Schwanz gleitet in meine Votze. Füllt diese Spalte völlig aus. Mein Arsch leuchtet dich nun an und sogleich musst du mich vögeln. Erst in den Arsch nur um nicht genug zu bekommen du dich zu dem Prügel in meiner Votze mit reindrückst. Kaum bist du in mir als wir alle drei auch schon in harten Wellen unserer Erlösung entgegentreiben. So gesättigt fallen wir aufs Bett. Binden Marc los und kommen wieder in der Realität an.

101

Du merkst schnell dass ich noch nicht voll auf meine Kosten gekommen bin. leicht drehst du dich zu mir. Flüsternd höre ich dich fragen darf ich dein Telefon benutzen? Klar doch mein Freund, du immer. Heimlich von dir daheim aus, hast du nach einer kleinen Herrenrunde gesucht und gefunden. Schnell bittest du die Herren zu mir. Innerhalb einer kurzen Zeit sind diese auch da. Doch bevor sie kommen, verbindest du mir die Augen. Da klingelt es auch schon. Schnell erhebst du dich, und öffnest die Türe.

Langsam betritt Einer nach dem Anderen das Spielzimmer. Schnell entledigen sie sich ihrer Kleidung und sofort bemächtigen sich Münder und Hände meiner. Marc liegt noch erschöpft und schlapp neben mir. Eine flinke Zunge leckt meine Spalte trocken und sogleich wieder triefend. Zitternd und gierig liege ich blind vor euch allen. Sacht kratzen Zähne über meine harten kleinen Warzen. Kneten Hände mein pralles Fleisch. Auch spüre ich einen flinken Finger in meinem Povötzchen. Und plötzlich alles weg. Bitte lasst mich nicht so liegen. Gierig winde ich mich nach allen Seiten versuche zu erwischen was in meiner Nähe ist. Ein langer schlanker Schwanz streift meine Lippen. Ein dicker dingt in meine Spalte ein. Schnell und hart sauge ich den Schwanz zwischen meine Lippen. Einer drängt den anderen weg. Drei, nein vier

Schwänze die ich nicht kenne erspürt mein Mund. Langsam ziehe ich mir die Augenbinde weg. Endlich kann ich mich auch mit den Augen daran ergötzen. Vier Herren knien und liegen um mich herum. Alle spielen mit meinem willigen Körper. Auch Marc ist wieder auf voller Höhe. Seine Lippen haben sich um einen kleinen dicken Schwanz geschlossen. Du stehst an meinem Kopf und feuerst immer weiter an. Macht sie fertig! Zeigt ihr was ihr so könnt! Und plötzlich fallen alle Hemmungen. Einer nach dem anderen fickt und stößt mich in den Himmel der Lust. Von einem Orgasmus zum nächsten werde ich getrieben.

Ein Schwanz nach dem anderen lädt seine Sahne in und auf mir ab. Bin bis zum Rand gefüllt. Da greifst du nach meinen Beinen, ziehst sie hoch bis über den Kopf. Dein Sack streift dabei immer weiter meine Lippen. Du ziehst Marc zu mir heran und drückst seinen Kopf auf meine Votze, trink, gierig leckt, schleckt und saugt er alles aus mir heraus. Mit jedem Zungenstreich von ihm komme ich wieder. Heiß und weiß rinnt meine Sahne meinen Arsch entlang. Das heizt euch alle wiederum an. wild und hart vögelt einer nach dem anderen mich wieder. Marc wendet sich nun einem anderen zu. Sobald einer schlapp macht wird er von Marc wieder zur Bereitschaft geblasen. Auch dein Schwanz wippt schon wieder bereit über mein Gesicht. Als du es nicht mehr aushalten kannst, schiebst du alle weg. Auf jeder Seite hält einer meine Beine und so hart du kannst schlägst du die viele Sahne in mir auf. Wild hämmert dein Schwanz in meiner Votze. Doch auch das genügt dir nicht. Wild dringst du in meinen Arsch, der auch butterweich und bereit für dich ist. Mit einem lauten Aufschrei ergießt du deinen ersten Schuss darin. Um dich gleich darauf herauszuziehen und mir deinen Pfahl in den Hals steckst. Tiefer immer tiefer drückst du dich hinein. Marc hält meinen Kopf, damit du auch bis zum Anschlag tief in meinen Hals kommst. Dort kannst du nicht länger an dich halten und in hießen Intervallen schießt dein Saft mir den Hals entlang immer tiefer. Heftig am Schlucken nehme ich jeden einzelnen Tropfen von dir auf.

So gesättigt und zufrieden gehen unsere Gäste wieder und wir können noch zart und leicht miteinander spielen.

102

Lange her doch gleich hast du mich wieder erkannt. Welche Freude dich endlich wieder bei mir zu haben. Habe deine wundervolle Länge und Dicke schon vermisst. Kaum wusste ich, dass du herkommen willst, begab ich mich auch sofort ins Bad. Will doch für dich ein leckeres Mädel sein. Was zieh ich denn heute für dich an? mit welchem Outfit kann ich dein hungriges Auge verwöhnen? Ich denke ich habs. Heute triffst du mich in unschuldigem Weiß an, oder ne halt, doch lieber sündiges Schwarz. Ja Schwarz willst du heute lieber sehen.

Fix geduscht, überall glatte weiche Haut machen. Dann an den Schrank. Ah da sind sie meine halterlosen schwarzen Strümpfe. Ja deinen Lieblings-slip aus Spitze hab ich auch schon daliegen. Die schwarze Spitze noch, um die prallen Titten einzu-packen. Schnell nochmals ins Bad, mein Povötzchen freut sich schon so auf deine pralle Härte, da muss ich sie vorher ein wenig geschmeidig machen. So dass du dann sofort wenn du willst dich darin versenken kannst.

Kaum kann ich vor purer Geilheit noch richtig atmen, und schon klingelst du an meiner Türe. In wenigen Schritten bist du oben bei mir in der Wohnung. Gerade konnte ich mir noch ein kleines leichtes rosafarbenes Kleidchen überwerfen. Du sollst noch nicht sofort sehen mit was ich deine Augen erfreuen will. Wild und fordern bemächtigst du dich meines Mundes. Fest und gierig erkunden deine Hände meinen Körper. Keine Sorge Peer, es ist noch alles da, und genau dort wo es sein sollte. Komm geh den Flur gerade durch, schnell hänge ich deine Jacke weg. Dich ins Zimmer schiebend gehe ich vor dir in die Knie. Fix die Hose geöffnet und welche Freude, endlich kann ich diese herrliche Länge spüren. Zwei Handbreit und noch immer passt du bis tief in den Hals von mir. Sachte streif meine Zunge das samtig heiße Köpfchen. Mein Lieblings-kleiner Peer, welche Freude du mir immer schenkst. Plötzlich nach wenigen sanften Zungenschlägen, sauge ich dich hart und noch tiefer in meinen Schlund. Doch sofort schiebst du mich von dir, ziehst mich wieder hoch zu dir und im gleichen Moment fliegt das leichte Kleidchen über meinen Kopf in die Ecke. Du gehst einen Schritt zurück, leuchtende Augen liebkosen schwarze Spitze. Überall blinzelt meine weiche, blasse Haut vor.

Ein Schritt von mir weg stehend, streckst du langsam den Arm aus, sacht schiebst du erst den einen dann den anderen Träger des BHs über meine Arme. Prall quillt das weiche Fleisch meiner Titten aus den Körbchen. Schnell fängst du je eine in der Hand auf. Die Warzen hart zwischen zwei Finger genommen, rollst du sie hin und her. Immer dunkler und fester werden sie bei dieser herrlichen Zuwendung. Mit einem Ruck an den Titten ziehst du mich dichter zu

52

dir heran. Fest massierst du das weiche Fleisch. Dein Kopf senkt sich und hart ziehst du die prallen Warzen zwischen deine Zähne. Leicht beißt du zu, um sofort mit der Zunge den leichten Lustschmerz weg zu lecken. Keuchend biegt sich mein Körper dir noch näher. Sachte schiebe ich meine Hände nach unten, umfasse dich fest und doch zart zugleich. Ein-, zweimal reibe ich deine herrliche Länge. Sodann streifen meine Hände weiter. Über deine Seiten nach hinten. Diesen kleinen Knackarsch habe ich so vermisst. Ein kleiner Klaps und hart drängt sich dein praller Schwanz an meinen Bauch.

Sachte schiebst du mich zurück, drängst mich auf das Bett. Da fällt dein Blick auf einen Seidenschal der da noch rumliegt. Ein Griff und schon fixierst du mich an den Händen. Schiebst mich noch ein wenig weiter in die Mitte, spreizt mir sogleich die Beine weit und versenkst deinen Kopf dazwischen. Mit den Fingern öffnest du meine triefende Pforte. Leicht leckt deine Zunge über die kleine Perle. Lockst sie hervor, prall und heiß begrüßt sie deine Zunge. Sacht hältst du die Perle mit den Zähnen fest und deine Zunge leckt und streichelt. Meine Sahne rinnt an deinem Kinn entlang. Heiß pulst meine Votze an deinem Gesicht. Bitte Peer, binde mich wieder los. Sofort kommst du meiner Bitte nach. Mit beiden Händen halte ich mich nun an meinen Beinen weit für dich geöffnet. Du nimmst deinen kleinen ;) Peer in die Hand und ziehst ihn immer wieder durch die nasse Spalte. Sacht drückst du den prallen Kopf hinein, nach bettelnd versagst du mir jedoch den sofortigen Genuss deinen Pfahles. Leicht kniest du nun neben mir. Eine Hand in mein Haar vergraben drückst du deine ganze Länge soweit es nur geht in meinen Hals. Dein Daumen reibt und massiert meine Perle fest drückt deine Hand meinen fleischigen Hügel und in heißem Pulsen ergieße ich mich immer und immer wieder. Hart pulst auch dein Schwanz in meinem Hals. Plötzlich entziehst du dich mir wieder. Rutscht tiefer zu meiner tropfenden Votze.

Fix öffnest du die kleine Lade neben dem Bett, nimmst dir die kleinen feinen Kugeln heraus und drückst sie in mich. Schmatzend versinken sie in der Hitze. Sacht schiebst du nun einen Finger in meine Povotze. Herrlich wie du die Kugeln in mir damit hin und herschiebst. Zitternd und keuchen winde ich mich vor dir. Auch du bist zum Bersten prall und hart. Sachte schiebst du noch einen zweiten Finger in meine Arschvotze drehst und wendest sie in mir, mich ein wenig weiten bevor dein Prügel sich seinen Weg bahnt. Doch du hältst es nicht länger aus. Schnell nimmst du dich in die Hand, führst dich an die hitzige Pforte mit einem Ruck komme ich dir entgegen und sofort gleitest du in mich. Kurz hältst du inne damit meine enge Rosette sich gewöhnen kann doch dann kannst du nicht mehr. Immer und immer wieder rammst du deine komplette Länge in mich hinein. Die Kugeln in der Votze massieren dich, machen den Eingang noch enger. Hart drückt dein Daumen meine Perle, reibt und zupft. Immer fester und härter fickst du meinen Arsch. Immer enger und heißer werde ich.

54

Mit jedem Pulsschlag, den du tief in mir spürst, ziehen sich alle Muskeln wellenartig zusammen. Pressen dich, massieren. Hart klatschen mit jedem Stoß von dir deine Eier gegen mein festes Fleisch. Immer schneller und härter wirst du. Bohrst dich immer tiefer in mich. Über mich gebeugt, greifst du nun nach meinen Titten. Drückst und knetest während du nur noch in harten kurzen Stößen jeden Tropfen deiner Sahne in meinen Arsch pumpst. Keuchend und Stöhnen willst du dich aus mir ziehen, doch meine Muskeln halten deinen leeren Schwanz noch fest. Bitte Peer, reibe nochmals meine Perle, zupfe an den unteren Lippen. Kneife mich, streichle mich. Und sogleich komme ich schreien wie ein Fluss rinnt mein Saft deinen Sack entlang auf die Unterlage. Fest ineinander verknoten liegen wir noch, nach Atem ringend.

So gesättigt kann der restliche Tag ja nur noch gut sein. Schnell gehst du noch ins Bad, und schon wieder bist du weg. Bis bald mein Lieber. Freu mich immer auf dich.

103

Heute erreichte mich eine Mail, duhu morgen ist Feiertag und Übermorgen habe ich mir frei genommen. Was meinst? spielen wir ein, zwei oder vielen Runden? Welche Freude, dann werf dich mal ins Auto und mach dich auf den Weg. Denn nur wenn du bei mir bist kann ich dir voller Lust und Freude helfen. Fast kann ich dich fahren hören, einhundert fünfzig Kilometer in Windeseile hinter dich bringen. Tu cool Finn, ich renn dir nicht weg und ich versprech dir auch ein lustvolles Erlebnis. Innerhalb kürzester Zeit bist du über die BAB geflogen. So gierig mein Lieber? Komm rein. Was sieht denn mein leuchtendes Auge da? Du hast die Hose schon offen. Wie ich dich kenne bist du die Strecke mit Bleifuß und der Hand am Schwanz gefahren.

Schnell greife ich in deine Hose, streichle und drücke den Finnie, auf dass er zum großen Finn wächst und die Hose sprengt. Mit der anderen Hand helfe ich dir deine Hose nach unten zu schieben. Sofort springt mich dein Schwanz an. streicht mir über die Lippen, drängt sich frech dazwischen. Tief sauge ich dich in meinen warmen feuchten Hals. Ein klein wenig saugen, die Zunge auf dir spielen lassen und schon schießt deine Sahne mir in den Mund, rinnt langsam und nicht zu dick meinen Schlund hinunter. Jetzt komm erst mal richtig rein, das Treppenhaus ist doch zu ungemütlich.

Kaum bist du hier richtig angekommen, gibt es erst einmal einen entspannungsrauch, dann drücke ich dir ein kleines feines Päckchen in die Hand. Wirst du mir die Freude machen und das anziehen? Schnell reist du das Papier darum weg, und hältst einen spinne feinen Nylonoverall in deinen zitternden Fingern. Sofort helfe ich dir aus deiner störenden Kleidung. Vorsicht Finn, net so hastig sonst geht das zarte Gewebe gleich kaputt. An deinem Seufzern und leichtem Stöhnen kann ich den Genuss hören, welches dir das feine Nylon auf deiner Erhitzen Haut bereitet. Sacht streichen meine Hände über deinen Körper. Reizen und locken dich in weitere noch höhere Höhen der Lust. Leider habe ich in deiner Größe nur einen geschlossenen Overall bekommen. Doch das macht nichts, gell? Halt mal still. Mit einer kleinen Schere trenne ich die Naht an deiner Schwanzwurzel ein wenig auf. Nur gerade so viel, dass dein nicht erigierter Schwanz durch passt.

Keuchend stehst du so vor mir. Mit meinem Mund sauge ich deinen Schwanz durch das kleine Loch. Wie ein Ring umspannt das Nylon nun deine Schwanzwurzel. Sofort bist du wieder knallhart und für weiteres bereit. Sacht drücke ich dich auf den Stuhl. Ja den Stuhl du sollst hart sitzen umso besser spüren und fühlen können. Schnell binde ich dir mit einem Nylonstück deine Hände fest. Nichts soll sich bewegen können außer deinem Schwanz. Und ich weiß er wird zitternd für mich tanzen. Ich ziehe dich ein klein wenig weiter nach vorne, so dass du nur auf der Kante sitzt. Auch deine Beine fixiere ich an den Stuhlbeinen. Jetzt bist du deiner Lust ausgeliefert. Schau her, langsam drehe und wende ich mich vor dir und ein Kleidungsstück nach dem anderen fällt von meinem Körper. Sacht reibe ich mich an dir. Nehme deinen Schwanz in die Hand und ziehe ihn ein, zweimal durch meine nasse Votze. Sodann trete ich zurück, lehn mich auf dem Sofa zurück, willst du auch einen Schluck Kaffee? Tauche meine Brust in den Kaffee, und so kannst du jeden Tropfen davon lecken. Zitternd wie erwartet, streift dein Schwanz hin und wieder meine nassen Votzenlippen. Du zappelst willst mehr von mir, doch sogleich bin ich wieder weg.

Gemütlich setzte ich mich auf dem Sofa zurecht. Ja schau hin lass mich deine Gier deine Lust sehen und hören. Suchend irren deine Augen durch den Raum, ich greife unter die Decke, suchst du das, Finn? In meiner Hand liegt der dicke, schwarze Dildo. Seufzend kannst du nur noch nicken. Doch plötzlich fällt mir noch etwas ein. Fix knie ich wieder vor dir. Mit der kleinen Schere muss ich doch noch ein Loch in das zarte Gewebe machen. Schließ deine Augen, genieße nur. Langsam reibe ich deine Povotze mit einem Klecks Creme ein. Kaum bist du weich und geschmeidig schiebe ich dir ein kleines Vibro-Ei ein. Schnell eingeschaltet steigre ich die Vibration auf mittlere Stufe. Tief in dir vibriert es, massiert deine Perle in deiner Tiefe. Lässt deinen Prügel so was von Steinhart werden. Sacht streicht meine Zunge noch über das glänzende Köpfchen und nehme den Lusttropfen mit aufs Sofa.

Jetzt Finn, schau hin, meine Finger teilen die triefende Votze. Wie du es immer schaffst mich sofort tropfend zu machen. Der schwarze Dildo bahnt sich seinen Weg, meine weiße Sahne benetz ihn immer mehr. Schmatzend dringt er in mich ein. Tief saugt meine Votze den Dildo ein. Langsam ziehe ich noch einen schlanken roten Dildo hervor. Setzte diesen auf die Sitzfläche des Sofas. Ein kleines Heben meines Schoßes und sogleich verschwindet dieser Rote in meiner Arschvotze. Glänzend leuchtet mich deine Eichel an. tief gepfählt von dem Roten, nehme ich den Schwarzen in die Hand, raus und wieder rein. Deine Augen saugen sich an meinen Votzen fest. Keuchend und stöhnend bereite ich mir selbst vor deinen Augen jede nur mögliche Freude. Noch eine kleine Drehung in mir mit dem Schwarzen Dildo, dann nehme ich die Hand weg. Ein kleiner Druck aus meinem Inneren, der Dildo schießt mit sehr viel Sahne aus mir heraus. Vor Lustschmerzen stöhnst du nun auch. Leicht strecke ich die Hand aus, lege sie fest um deinen Pfahl und sofort sprudelst auch du. Dein Sperma benetzt das Nylon. Und immer noch spritzt du.

Da klingelt das Telefon. Sry Finn, doch ist bestimmt wichtig. Jo hallo? Hörst du nur, dann wieder klar Alf, komm ruhig vorbei und das Vibro-Ei vibriert in dir, die wenigen Worte die du hörst. Und du hast keine Change zur Erholung. Schnell lege ich wieder auf. Noch ein kleiner Druck aus mir und der Rote springt wieder aus mir und bleibt auf dem Sofa liegen. Ich binde dir die Arme los, reiche dir einen Rauch und eine Tasse Kaffee. Gemütlich plaudern, meine Finger an dir rumfingernd lassen wir ein wenig Zeit verstreichen. Es klingelt. Alf ist schon da, nicht wenig erschrocken tritt er ins Zimmer. Ups, stör ich? Ne komm du wolltest doch spielen? Also mach dich mal nackig und auch ihm schenke ich ein Käffchen ein. Du erschrickst kurz denn ein dicker Schwanz leuchtet dich steinhart an. sacht schiebe ich ihn zu dir. Willst du ihn lecken? Dein Kaffee ist nun nicht mehr heiß, so drücke ich den Pflog in deinen Kaffee. Hinter dir stehend, führe ich den kaffeetropfenden Schwanz an deine Lippen. Du zuckst weg, doch nein Finn, Zwei Finger verschließen dir die Nase und Schwups dringt der herrliche Pflog in deinen Mund. vorsichtig, langsam leckst du. Langsam gewinnst du Freude daran. Stöhnend ergibt sich Alf deinem Mund und so wie du an ihm saugst, so saugt er an meinen Titten. Leicht drehe ich mich weg. Jetzt lehnt sich Alf an deine Schulter, zittert und keucht. Und deine Zunge dein Mund wird forscher. Härter saugst du ihn. Nimmst seine Kugeln in die Hand und knetest sie. Leicht streiche ich nun mit einem Finger voll Creme über seine Rosette. Dinge sacht mit einem Finger ein und sofort entlädt er sich in deinen Hals. Fürs erste gesättigt doch noch immer voller Gier machen wir eine kleine Pause. Ich binde dich los. Und gemeinsam gehen wir mit unserem Kaffee ins Spielzimmer.

Kaum im Spielzimmer angekommen fällt Alf über mich her. Du legst dich entspannt und gierig was noch kommt neben mich. Sacht sauge ich einen Finger von dir in meinen Mund. doch das reicht mir nicht lange, und ich widme mich wieder deinem Schwanz. So auf den Knien, rammt Alf seinen Pflog in meine Votze. Du schiebst dich langsam unter mich. Deine Finger spielen mit meiner Perle, zupfen an den fleischigen Lippen und öffnen mich noch weiter für deine Augen, während Alf Schwanz mich noch weiter weitet. Sacht erst leckst du seine Eier. Als er sich einmal zu weit zurückzieht fangen deine Lippen den Prügel auf. Hart saugst du daran um ihn dann sogleich wieder frei zu lassen um zu sehen wie meine Sahen um seinen Schwanz herum herausquillt.

Mit deinen Beinen hältst du mich tief über dich gebeugt. Immer tiefer fickst du meinen Mund. Alfs Eier in deiner Hand zwingst du ihn mich zu verlassen. In dem Moment wo er aus mit glitt, ergießt er sich auf meine Votze und deine Lippen. Sofort drückst du den Prügel in meinen Arsch, und diese Enge lässt es nicht zu dass er eine Pause einlegen kann. Dein Finger verirrt sich nun auch weiter, und massiert leicht seine Rosette. Kaum ist Alf bis zum Anschlag in mich eingedrungen, saugen sich deine Lippen an meiner Votze fest. Zwei, drei harte Stöße und ich sprudle in deinen Mund. nach Atem ringend schlugst und saugst du ohne Ende. Endlich erlöst schiebe ich mich von euch. Schubse Alf an so dass er auf den Rücken fällt. Sofort liegst du hinter ihm. Hältst seinen Schwanz in der Hand und dein Schwanz bemächtigt sich seiner Povotze. Schreiend vor Lust nimmt Alf deine Härte auf. Langsam erst drückst du dich immer tiefer hinein. Kaum bist du gänzlich in ihm verschwunden, stelle ich die Vibration in dir höher, und wild hämmerst du deinen Schwanz immer noch tiefer in ihn. Dich hart aufbäumend ergießt du dich in seinem Arsch. Ermatten fällst du zurück und in kleinen pulsenden Wellen tropft deine Sahne aus seinem Arsch.

Verschwitzt und fertig gehen wir gemeinsam ins Bad und unter die Dusche. Sechs Hände, und jeder seift, jeden ein. Jeder massiert und reibt an anderen Körper. Langsam wird mit Schaum gespielt, mit Wasser gereizt. Lippen und Zungen spüren nach ob auch alle Seife abgespült ist. Plötzlich drück mich Alf an sich und vögelt wild meine Votze. Du stehst hinter mir, aufrecht zu allem bereit. Deine Hände halten mich dein Schwanz pfählt mich. Zuerst drückst du dich zu Alf mit in meine Votze. Doch das ist dir wieder mal nicht genug. Alf an der Wand lehnend mich auf seinen Pflog gespießt, spreizt du meine Backen und rammst dich sofort ganz in meinen Arsch. Hart pulsend verweilst du so in meinem Arsch. Jede Zuckung nachspürend während Alf immer und immer wieder zustößt. Mein Puls, dein Puls, Alfs Puls keiner kann mehr auseinander halten welcher härter in uns hämmert. Meine Titten knetend fängst du auch an qualvoll langsam mich zu vögeln. Ich kann mich nur noch links und rechts an der Wand abstützen und diese Macht an Empfindungen in mir aufnehmen. Mit einem Schrei ergießt sich Alf in mir, flutsch aus mir heraus und sofort legst du nach. Wechselst vom Poloch zur Votze und schlägst Alfs Sahne in mir schaumig. Diese Hitze, diese Enge, treibt uns rasend zur Erleichterung. Gemeinsam vermischen sich unsere Säfte. Auch du verlässt schlaff und leer meine Votze. Leicht steige ich auf den Wannenrand. Meine Votze auf eurer Augenhöhe könnt ihr zusehen wie alles aus mir rinnt. Mit euren Zungen und Fingern verteilt ihr diese Mischung auf mir. Alf saugt sich an meiner Perle fest. Deine Finger ficken meinen Arsch und immer noch einmal ergieße ich mich.

Schlapp und fertig duschen wir noch einmal, Alf macht sich fertig und fährt wieder heim und wir machen uns einen gemütlichen Abend. Müssen erst wieder Kraft tanken.

104

Nachdem du mich hast wochenlang auf dich warten lassen, höre ich endlich wieder etwas von dir. Leise fragst du an ob ich Zeit für dich hätte und du vorbeikommen dürftest. Klar mein lieber, du doch immer. Gierig warte ich auf dich. Die Zeit wird mir fast zu lange. Heute habe ich mir was Feines als Outfit für dich überlegt. Sag kennst du meine schwarze Corsage mit der tiefroten Spitze? Das werde ich mir für dich anziehen. Dazu ein kleiner schwarzer Overt-Slip aus Spitze und wie du ja weißt, schwarze Halterlose und meine höchsten High Heels. So gekleidet sitze ich seit einer kleinen Ewigkeit und die Stunde Fahrzeit die du hast wird immer länger. Schnell gehe ich runter und mache dir schon vorsorglich die Haustüre auf.

Kaum sehe ich dich herfahren und vor dem Haus parken, da gehe ich auch schon in Flur. Öffne die Wohnungstüre ganz und lehne mich leicht an die Wand. Schnell kommst du die Treppe herauf und bleibst wie vom Donner gerührt stehen. Welch ein Anblick. Gierig tasten deine Auge über mich. Jeden cm weicher Haut verschlingen deine Augen. Spielerisch leicht drehe ich mich vor deinen Augen. Die tiefrote Schnürung der Corsage endet mit einer feinen Schleife gleich an der Pofurche. Du stehst immer noch mitten auf der Treppe, deine Hose fängt schon an enger zu werden. Ein leises Keuchen kann ich hören, und mit zwei Schritten bist du bei mir. Gierig saugst du meine Lippen zwischen deine Zähne. Hart greifen deine Hände nach meinen Pobacken. Fest knetest du diese, während ich mir hart an deinem Schwanz in der Hose reibe. Wild plünderst du meinen Mund und schiebst mich dabei hart in die Wohnung.

Fest an dich gepresst, greifst du mir ins Haar, ziehst den Kopf nach hinten. Deine Lippen streifen langsam meinen Hals hinunter, bis du an der weichen Fülle meine Titten angekommen bist. Ein kurzer Biss, und dann das zarte Lecken deiner Zunge. Sofort sind meine Warzen hart, reiben sich an der Corsage. Mit deinem Kinn, schiebst du den BH nach unten, sofort drängen meine Warzen zwischen deine Lippen. Hart saugst du sie noch fester. Deine Zunge leckt und die Lippen saugen. Keuchend lehne ich an der Wand. Doch du lässt mich nicht in Ruhe, lässt mir keinen Raum mehr zum Atmen vor gieriger Lust. Schnell drängst du mich ins Spielzimmer. Atemlos liege ich weit geöffnet vor dir. Langsam streicht ein Finger über meine heiße Spalte. Sacht dringt er in mich ein. Dein Daumen reibt die harte kleine Perle. Laut keuchend, ergieße ich mich in deine Hand. Doch du lässt nicht ab von mir. Sofort schiebst du einen zweiten und dritten Finger in mich hinein. So prall ausgefüllt zerplatze ich sofort ein weiteres Mal.

Schnell helfe ich dir aus deinem Hemd. Endlich kann ich deine kleinen Warzen spüren. Leicht streicht meine Zunge darüber. Fest streichen meine Hände über deinen flachen Bauch. Meine Wange, meine Lippen reiben sich über deine wundervoll weiche Haut. Sacht umschließt meine Hand den herrlichen Prügel in deiner Hose. Sofort möchte ich ihn befreien aus der engen Hose. Doch du drängst mich wieder zurück. Bitte Peer, gib mir deine Herrlichkeit. Ich will dich tief in meinem Hals spüren. Doch du drängst mich wieder weg. Fällst wieder über mich her. Ein Finger nach dem anderen schiebst du in meine schmatzende, triefende Votze. Heiß treibst du mich wieder an den Rand. Als ich wieder kurz vor der Erfüllung stehe, ziehen deine Zähne hart an meinen Warzen und wild aufbäumend, keuchend und stöhnend zerplatze ich wieder in deine Hand.

Schnell drehst du dich, fix die Hose geöffnet und ausgezogen. Sofort bemächtigt mein Mund sich deines Schwanzes. Deine Hände schieben mein Haar aus deinem Sichtfeld. Hart sauge ich dich bis zum Anschlag tief in meinen Hals. Fest hältst du meinen Kopf, und noch tiefer dringt dein Prügel in mich. Hart kann ich dich in mir pulsen spüren. Heiß bist du, sacht drehe ich den Kopf hin und her, dich tief in meiner Mundvotze haltend. Doch dann schiebst du mich wieder weg. Willst mich dir noch nicht schenken. Weit öffnest du meine Spalte. Ich kann dich leuchten sehen, als du langsam deinen herrlichen Schwanz in mich schiebst. Sachte weil du so groß bist und ich so eng schiebst du dich immer tiefer. Kaum bist du ganz in mir verschwunden, ziehst du dich auch schon wieder zurück. Langsam, qualvoll langsam gibst du dich mir. Hart windet mein Schoß sich um dich. Hart ziehen sich auch die Muskeln um dich zusammen. Ich bin so eng, so hart du kannst dich fast nicht mehr rühren in mir. So wollte ich dich. Meine Muskeln tief im inneren massieren und kneten dich. Doch du hältst dich immer noch zurück. Wimmernd und keuchend bettel ich dich an um die Erlösung. Sofort ziehst du dich zurück.

Auf dem Tischchen stehen noch unsere Gläser, du langst nach deinem, und füllst mich mit Prosecco nur um mich dann auszusaugen. Das prickeln des Sektes lässt mich gleich noch einmal sprudeln. Heiß rinnt mein Saft mit dem Prosecco gemischt aus mir heraus. Leicht und doch schnell nimmt deine Zunge alles auf. Dann erst als du mich wieder und wieder zum Orgasmus gebracht hast, erst dann schenkst du dich mir ganz. Leicht drehe ich mich unter dir herum. Mein weißer Arsch leuchtet dich an. die tiefrote Schleife liegt in der Furche. Sacht schiebst du sie zur Seite um Platz für deinen Prügel zu haben. Langsam ganz langsam schiebst du dich immer tiefer hinein. Immer enger und heißer wird meine Povotze. Wart, bitte. Du warst so lange nicht bei mir da ist das Loch nicht mehr deine Dimensionen gewohnt. Doch endlich bist du ganz bis zum Anschlag in mir. Hart stoße ich mich dir entgegen. Immer noch tiefer will ich dich in mir spüren. Hart zieht sich dein Sack vor Erregung zusammen. Die festen kleinen Kugeln klatschen mit jedem Stoß an meine triefende Votze. In wildem Ritt nimmst du mich endlich völlig in Beschlag. Hart greifen deine Hände nach meinen Schultern und Haaren, halten mich umklammert, während dein Prügel meine Arschvotze immer noch weiter weitet. Jedem deiner rasenenden Stöße komme ich mit Gier und Freude entgegen. In wildem Pulsen entlädst du dich dann super tief in mir. Endlich hast du mir deine Erfüllung auch geschenkt. Fest verschließe ich meine Votze um deine heiße Sahne noch behalten zu können. Doch du gibst mir einen kleinen Klaps auf die Backen, lass los hör ich nur noch. Sofort erfülle ich dir diesen Wunsch, mir gierigen Augen siehst du zu wie dein Saft dick und heiß aus meiner Arschvotze tropft. Sofort macht dich dieser Blick wieder hart und schnell drückst du dich wieder in die Votze, wunderbar weich und geschmeidig ist meine Povotze von deiner Sahne. Herrlich fühlt sich das an. in kurzen harten Stößen treibst du dich und mich ein letztes Mal an den Rand der Erfüllung. Laut stöhnend und mit kleinen Schreien, ergießen wir uns ein letztes Mal. So gesättigt liegen wir ermattet an einander. Noch den letzten Rest Prosecco trinkend, verabschiedest du dich auch schon wieder. Bis zum nächsten Mal mein Ferkel höre ich noch und schon bist du weg.

105

Seit Tagen sehe ich dich immer und immer wieder bei mir vor dem Haus stehen. Lange siehst du zu mir hoch, doch irgendwie schaffst du es nicht auszusteigen. Glaube ich muss dir da mal ein wenig nachhelfen, damit du den Weg in die Wohnung findest. Ein schneller Blick zur Uhr bestätigt mir, gleich wirst du wieder vor meiner Türe parken. Schnell werfe ich mir eine lange weiße Bluse über, und schon sehe ich dich einparken. Sofort greife ich mir nach dem Schlüssel und geh runter dich besuchen, da du ja nicht zu mir hoch findest. Kaum bin ich zur Türe raus, als sich auch schon der Himmel mal wieder öffnet. Doch mir solls recht sein. Zwanzig Schritte bis zu deinem Auto und bin völlig nass. Die weiße Bluse klebt an meiner Haut fest. Die Warzen leuchten und stehen hart hervor, die Halterlosen kleben an meinen Beinen. Schnell öffne ich die Beifahrertüre und gleite neben dich auf den Sitz.

Leicht erschrocken, ne erstaunt schaust du mich an. Hart kann ich dich schlucken sehen. Leicht lege ich meine Hand auf deinen Schenkel und in kreisenden Bewegungen gleitet meine Hand immer höher. Immer heißer fühlst du dich an. Ein leises Beben in deiner Hose, ein tiefes Keuchen aus deinem Hals. Wenn uns jemand sieht, sagst du total atemlos, doch das interessiert mich wenig. Wärst du hoch zu mir gekommen, würde dich niemand sehen, der vorbei läuft. Mit einem leisen Ratsch ist deine Hose endlich offen und dein Prügel schwingt sofort heraus. Endlich Freiheit. Mit einer Hand klammerst du dich am Türfutter fest. Sacht neige ich meinen Kopf und nehme deine Härte tief in mich auf. Hart sauge ich dich tief in den heißen, feuchten Schlund. Mit der Hand betätige ich den Hebel und sacht gleitest du nach hinten.

Der Knopf deiner Hose ist noch geschlossen. Und prall drängst du dich aus dem schmalen Schlitz. Leicht schiebe ich meine Finger hinein und helfe auch deinen festen Kugeln heraus. So wird der Ring um deine Herrlichkeit noch enger. Sacht leckt und streichelt meine Zunge deine Eier. Zart zupfen die Zähne am Sack drum herum, und immer heftiger kann ich dich keuchen hören. Mittlerweile ist dir es schon egal dass man dich sehen kann. In aller Öffentlichkeit auf einem Parkplatz in der Siedlung genießt du dieses herrliche Spiel. Immer praller und härter fühlst du dich in meinem Hals an. Du windest dich und zuckst unter mir, doch jedes Mal wenn du anfängst zu pumpen lasse ich ab von dir, ein fester Griff um deine Eier und schon kann ich mit der lustvollen Quälerei weitermachen. Wimmernd und keuchend bettelst du um deine Erlösung. Nur mein Liebling, so haben wir das nicht ausgemacht. Tagelang lässt du mich warten und kommst nicht hoch. Jetzt bist du einfach fällig.

Du willst hoch, willst mich wegschieben oder näher ziehen? Egal, schnell öffne ich dir dein Hemd zur Hälfte, scheibe es dir über die Schultern und drücke dich so wieder zurück auf den Rücken. So fixiert, kannst du nur noch genießen. Mit geschlossenen Augen, total erhitzt bekommst du es gar nicht mehr mit wie sich immer wieder ein Schatten über uns wirft. Neugierige Augen saugen sich an uns fest. Die Hände der Zuschauer fest in den Taschen vergraben kann ich aus den Augenwinkeln die Taschenspieler alle sehen. Deine Kugeln fest in der Hand, rot heiß leuchtend liegen sie prall darin. Schnell schlingt sich meine >Zunge immer den Schaft hoch und runter. Zitternd und mit einem dicken weißen Lusttropfen gekrönt reckt sich dein Pfahl in die Höhe. Mit einem schnellen Zungenschlag hole ich mir den Lusttropfen von dem heißen Köpfchen. Auch von außen dringt nun ein heißeres Keuchen zu uns herein. Dieses Keuchen und ein hartes festes Saugen meiner Lippen kurz unterhalb des Köpfchens, bringt dich an den Rand deiner Beherrschung. Lauf aufschreiend kommt der erste Schuss. Sacht reibe ich die herrliche Sahne auf meine Lippen und lecke dich schnell und hart. Wild pulsend ergießt du dich in meinen Mund. Immer mehr und mehr heißer leckerer Sahne schenkst du mir. sacht lasse ich ein wenig in meinen Hals rinnen. Liebling was schmeckst du doch gut und so arg nach viel, viel mehr. Mit meinen Lippen, weiß von deiner Sahne, rutsche ich hoch und versenke meine Zunge in deinem Hals. Ein wildes Spiel der Zungen fängt an. Lippen pressen sich aufeinander, saugen sich fest.

Locken und streicheln. Zähne zupfen und beißen leicht. Meine Hand verwöhnt deinen Schwanz weiterhin und du stehst wie ein Pfahl. Komm mein Schatz, lass uns hoch zu mir gehen, das Essen ist fertig. Das wollte ich dir doch nur schnell sagen.

Mit einem Ruck sitzt du wieder, willst gerade deinen herrlichen Schwanz einpacken als ich nur leicht den Kopf schüttle. Lass ihn in Freiheit. Komm wir gehen schnell hoch auf den wenigen Metern interessiert es niemanden. Und die die Zugesehen haben denen hat der strömende Regen ja auch nichts ausgemacht. Zweifelnd doch mir meine Freude lassend, steigst du mit hoch aufgerichtetem Schwert aus dem Auto. Der kühle Regen lässt dich kurz erschaudern. Doch meine hitzige Hand um deinen Schwanz hält dich hart und steif. Kaum in der Wohnung angekommen fällst du gierig überm ich her. Es macht Ratsch und meine Bluse ist in Teile zerrissen und deine Lippen bemächtigen sich meiner Brüste. Kühle Haut und heiße Lippen lassen die Warzen noch härter werden. Wild drängst du mich an die Wand. Schnell schleuderst du die Fetzen der Bluse weg und versenkst dich mir einem harten Stoß in meiner triefenden Votze. In harten kurzen Stößen nimmst du mich immer härter her. Wimmernd und an die Wand gepresst holst du dir was du im Moment dringendst brauchst. In kürzester Zeit verschleuderst du dich tief in mir.

So fürs erste gesättigt meinst du plötzlich, was gibt es zum Essen? Schnell greife ich in dein Haar und drücke dich auf die Knie. Leck mich, saug mich aus, so kannst du deinen ersten Hunger stillen. Hart saugst und schlürfst du unsere Säfte aus mir heraus. Immer mehr sprudle ich in deinen >Mund, hart pulst meine Perle an deinen Lippen. Die Zunge lockt und leckt. Doch mir ist das nicht genug. Hart halte ich dich fest und reibe mich an deinen Zähnen. Wild ergieße ich mich immer und immer wieder was dich auch schon steif und hart stehen lässt. Schnell drehst du mich um. Warte! Beweg dich nicht! Sagst du mir an. Mit einem Fetzen meiner Bluse verbindest du mir die Augen, drehst meine Arme hoch und bindest auch diese fest. So an die Wand gelehnt, kann ich nur meine Wangen am kühlen Putz kühlen. Mit wenigen Schritten entfernst du dich von mir. Was treibst du denn? Bitte sags mir. Doch du bist nicht mehr in meiner Nähe. Doch plötzlich kann ich deine große Hand auf meinem Arsch spüren. Sanft drückst du die prallen Backen auseinander. Ein Keuchen von dir zeigt mir die Freude die du hast als du die nasse Spur meines Saftes auf meinen Schenkeln siehst.

Mit deinem Bein spreizt du mir meine. Ein Finger dann noch einer und noch einer weitet meine Votze, dick und heiß quillt meine Sahne zwischen deinen Fingern hervor. Tief in mir fängst du ein geiles Spiel der Finger an. Drehst und wendest deine Hand dringst noch tiefer ein. Dein harter Pfahl drängt sich an meinen Schenkel. Reibst dich daran und wirst immer härter dabei. Nun nimmst du meine Arme runter, drehst mich um und ziehst mich mit ins Zimmer. Mit einem Schubs falle ich blind und gefesselt aufs Sofa. Sofort legst du ein Bein auf die hohe Rückenlehne und stellst das andere auf den Boden. So deinem gierigen Blick ausgeliefert, fällst du ein weiteres Mal überm ich her. Du hast unseren Lieblingsdildo den dicken, großen Schwarzen aus der Schublade geholt. Schnell drückst du diesen hart, bis zum Anschlag in meine Votze. Schmatzend und voller Freude hebt sich mein Schoß dir entgegen und bettelt nach mehr. Wild rammst du ihn in mich, ziehst ihn heraus nur um ihn noch härter in mir zu versenken. So schenkst du mir einen Orgasmus nach dem anderen. Doch du hast immer noch nicht genug. Wimmernd, nach Atem ringend liege ich voll geöffnet vor dir. Jetzt kniest du dich über mein Gesicht, in kurzen Stößen vögelst du meinen Mund, immer härter, schneller und tiefer stößt du zu. Laut schreiend komme ich mit einem Schwall purer Lustsahne und durchtränke alles unter mir. Jetzt erst bist zu fast zufrieden. Schnell ziehst du dich aus meinem Hals. Den Dildo in mir versenkt. Die Povotze weich und geschmeidig von meiner Sahne, drückst du dich hart dort hinein. Welche Enge! Vorsicht mein Liebling. Mach langsam bitte, doch du bist keines Wortes mehr zugänglich. Hart und wild rammst du dich immer tiefer in meinen Arsch. Drei, vier, fünf Mal und schon kann ich deine heiße Sahne spüren wie sie mich füllt. Erschöpft doch mehr als zufrieden legst du dich neben mich. Atemlos, aneinander geschmiegt spüren wir dem Zucken, jedem Beben nach. Erst viel später kommen wir dann doch dazu unseren Magen zu füllen. Jetzt erst geht das, jetzt erst nachdem der Lust und dem Spiel der Körper genüge getan ist.

106

Das Telefon klingelt. Hast du ein wenig Zeit für mich? Ich bin so irre geil. Bitte kannst du es möglich machen? Ich habe dich schon so langen nicht mehr genießen dürfen. Klar Peer für dich habe ich doch immer Zeit. Wann wirst du da sein? Gib mir bitte ein wenig Zeit.

Kurze Zeit später stehst du gierig vor meiner Türe, kaum hatte ich Zeit mich für dich hübsch und sexy zu machen. Doch du bist mit dem wenigen mehr als zufrieden. Ich kann es in deinen Augen sehen, wie du mich verschlingst in der weinroten Satincorsage mit den schwarzen Netzstümpfen und dem kleinen feinen spitzen Overtslip, den du so gerne magst. Schnell ziehst du mich zu dir und plünderst meine heißen Lippen. Gierig greifen deine Finger in die Corsage, fest knetest du das pralle Fleisch. Kannst einfach nicht genug davon bekommen. Immer wieder stupsen meine harten Warzen in deine Handfläche. Sofort nimmst du diese zwischen deine Finger und rollst sie hart hin und her. Keuchend komme ich dir gleich entgegen. Meine Finger schließen sich fest um die geniale Härte von dir. Welch eine Freude, diesen Riesen-Schwanz immer wieder genießen zu dürfen. Fast hast du die Länge meines Unterarmes. Schnell befreie ich den Prügel aus seinem Gefängnis aus Stoff. Peer du hast einfach zu viel an. Geh mir mal bitte zur Hand.

Während du dich deiner Kleidung entledigst, halten deine Zähne meine Warzen fest. Heiß halte ich deinen Schwanz in der Hand, immer ein klein wenig reibend. Dich auf der genialen Temperatur haltend die mir immer solche Freude beschert. Fix schiebst du mich zur Spielwiese. Herrlich mich fallen lassen können und dich pur genießen. Schnell sauge ich deine Härte in meinen Hals. Immer tiefer drückst du dich weiter hinein. Du bist so dick, so groß, ich bin fast zu eng für dich. Egal in welcher Votze, und doch erfreut sich jede einzelne meiner Votzen über deine Finger, Hände und den prallen Pfahl. Hart sauge ich dich, doch plötzlich packst du meinen Kopf, ziehst dich heraus und verlässt mich. Du packst mich an den Netzbestrumpften Beinen und ziehst sie weit auseinander. Meine kleinen Füße in den dreizehn-zentimeter High Heels legst du dir über die Schultern. Sacht kratzt der Stiletto über deine Haut. Sofort schiebst du einen Finger nach dem andern in die tropfende Votze. Fix sind vier Finger tief in mir. Dein

Daumen liegt press an meiner Perle. Reibt und verwöhnt sie, während deine Finger tief in mir das Spiel der Lust immer schneller und höher treiben. Mit einer Hand umfasst du nun dein Schwert. Schnell ziehst du deine Hand aus mir heraus und treibst deine Härte tief in mich hinein. Voller Freude jauchze und keuche ich, komme jedem Stoß von dir hart entgegen. Peer was hab ich dich doch vermisst.

Irgendwie spüre ich heute, das Spiel mit den Körpern ist dir heute nicht genug. Schau einmal mein Lieber, in die Lade hier, das alles darfst du benutzen. Langsam ziehst du ein Spielzeug nach dem anderen heraus. Welches ist denn das Lieblingsspielzeug meiner geilen Lustsau? Warte, ich finds gleich selbst heraus. Zuerst nimmst du die Lustkugeln. Eine nach der Anderen schiebst du sie tief in mich hinein. Doch auch das ist nicht das richtige. Fix ziehst du sie heraus, und versenkst die Kugeln tief in meine Povotze. Ja, so magst du es. Und schon hast du das kleine Vibro-Ei in der Hand. Spielst erst ein wenig damit herum um es dann leicht an meine Perle zu legen. Sofort kannst du meine Lust sehen. Dick quillt mein Saft aus mir heraus. Schnell dringen deine Finger in mich ein und spielen wieder tief in mir. so quälst du mich über eine ganze Zeit. Doch dann erspäht dein Auge einen Dildo, der Schwanz sehr ähnlich ist. Leider ist er nicht so lang doch dafür so dick. Schnell greifst du ihn dir, die Kugeln im Arsch versenkst du den Dildo in meiner Votze. Drehst und wendest ihn. So treibst du mich von einem Orgasmus zum anderen. Dein Prügel reibt sich an meiner Povotze.

Langsam ziehst du zuerst den Dildo, dann die Kugeln aus mir heraus. Deine Finger gleiten sofort wieder in meine triefende Votze du willst den Orgasmus spüren. Langsam drückst du dein Schwert in meine Arschvotze. Immer tiefer dringst du ein. Immer enger werde ich. Immer geiler und heißer du. Wild pulsend verströmst du dich. Hart dränge ich mich weiter an dich. Bitte bleib noch in mir. Heiß rinnt deine Sahne aus meiner von deinem Pfahl gefüllten Povotze. Gierig saugst du den Anblick in dich auf. Erst als deine Sahne fast völlig aus mir herausgetropft ist, bist du zufrieden. Fix noch ins Bad und schon hast du eine geile, heiße Mittagspause verbracht. Bis bald Peer, ich freu mich jedes Mal aufs Neue wenn du mich in unserer Lust quälst.

107

Hi Finn schön dass du mal wieder bei mir vorbeischaust. Du ich habe heute einfach keine Zeit für dich. Gleich bekomme ich noch Besuch, weshalb meldest du dich nicht vorher bevor du auf die BAB fährst? Ok, komm rein, doch dann musst du ganz leise sein und dich nicht rühren. Was? Du kannst das nicht? Schnell ziehe ich dir deine Kleidung aus. Warte ich hab da was für dich mein Lieber. Fix hole ich deinen Nylon-Overall. Sachte Finn, du bist zu gierig. Wir wollen das feine Gespinst doch nicht zerstören. Endlich bist du in Nylon gehüllt. Schnell setzte ich dich ins Büro. Fixiere deine Beine am Stuhl und deine Arme auf den Armlehnen. Wenn du einen Ton von dir gibst, darfst du nie wieder herkommen, das verspreche ich dir.

Schon klingelt es an der Türe. Schnell schließe ich die Bürotür und öffne die Haustüre. Dein bester Freund Ole steht da und will sich verwöhnen lassen. Da ich jedoch noch ein wenig Krank bin, steht mein kleines Netbook noch auf dem Nachttisch. Wie zufällig schalte ich die Webcam ein und plötzlich geht am Hauptrechner im Büro ein Fenster auf. Fast kann ich dich keuchen hören. Ein großer, praller Schwanz präsentiert sich dir im Bildschirm. Sacht schließen sich meine Finger darum. Reiben und streicheln diesen noch härter. Leicht gehe ich in die Knie, immer darauf bedacht dich auch alles sehen zu lassen. Sanft schließen sich meine Lippen um den heißen, feuerroten Kopf des Speeres. Keuchend werden die Zärtlichkeiten angenommen. Tief verschwindet der Schwanz in meinem Hals. Sofort legt Ole seine Hände um meinen Kopf und treibt sich noch tiefer. Die Eier klatschen an mein Kinn. Bis zum Anschlag in meinem Hals kann Ole sich nicht weiter beherrschen und ergießt sich sofort. Leicht öffne ich die Lippen weiter und wie ein Schwall fließt seine Sahne heraus.

Hart zieht Ole mich hoch, wirft mich aufs Bett und fixiert mich sogleich mit einem rumliegenden Seidenschal. Dann spreizt er mich weit und versenkt seinen noch steinharten Schwanz in meiner Votze. Wie ein wilder rammelt Ole in meine Votze. Gleich ist auch er soweit. Schnell zieht er sich heraus und verschleudert seine Sahne auf meinen Titten. Sofort ziehe ich seinen Kopf zu mir, und langsam leckt er meine prallen Hügel wieder sauber. Doch nur an einem Hügel lasse ich es zu. Dann schiebe ich ihn weg. Kurz geht er noch ins Bad um sich dann wieder zu verabschieden. Schnell trete ich zu dir, fast quellen dir die Augen aus dem Kopf. Steinhart pulst dein von Nylon umhüllter Schwanz. Mit einer Hand greife ich deinen Kopf und bringe dich dazu die restliche Sahne von meinen Titten zu lecken. Dabei massiere ich deinen Schwanz durch das feine Nylon. Bebend und zitternd willst auch du dich entladen. Doch das kann und will ich noch nicht zulassen.

Ich gehe vor dir in die Knie, löse deine Fesseln an den Beinen. Mit einer kleinen Schere mache ich ein noch kleineres Loch in den Overall. Sanft drücke ich deinen Schwanz und die Eier hindurch. Herrlich befreit, schwingt dein Schwanz vor Freude. Sofort greife ich mir einen meiner Halterlosen Strümpfe, streife ihn dir über den harten Pfahl und binde die Eier und den Schwanz danach mit dem Rest-Strumpf ab. Aufschreiend schießt ein Strahl Sahne aus dir heraus. Sofort ziehe ich den Strumpf fester zu. Ich will dich noch nicht kommen lassen. Leicht stülpe ich meine Lippen über das heiße, geschwollene Köpfchen. Fast weinend vor Lust nimmst du die Zuwendung an. Zitternd sitzt du auf dem Stuhl die Hände noch fixiert. Bettelnd schaust du mich an, bitte lass mich kommen. Doch nein so schnell sind wir noch nicht.

So löse ich auch die Fixierung an deinen Händen, ziehe dich hoch auf die Beine und nehme die ich das nach Sex und Lust riechende Zimmer. Dort stupse ich dich an und sofort fällst du auf den Rücken. Sofort binde ich deine Hände unter deinen Knien zusammen. Langsam mit einem Klecks Creme auf dem Finger massiere ich dir deine Povotze. Dann nehme ich das kleine Vibro-Ei und schiebe es dir in den Anus. Keuchend, schreiend vor Lust windest du dich an mir. ich drücke dich noch höher. Dein Arsch liegt nun fest an meiner Brust. Erst dann verwöhnt meine Hand wieder deinen Nylon umspannten Schwanz. Hart pulst du zwischen meinen Fingern. Sofort drücke ich dich noch näher an dein Gesicht heran und sogleich spritzt du dir deine Sahne ins Gesicht und den Mund. Langsam lasse ich dich wieder herunter. Keuchend nach Atem ringend versuchst du wieder auf den Boden zu kommen. Doch ich schalte das Vibro-Ei ein und sofort wippt dein noch harter Schwanz wieder hoch und runter. Einen Orgasmus nach dem anderen schenke ich dir so noch. So lasse ich dich mit der Vibration tief in dir liegen. Sanft lege ich noch ein Kissen hinter dich so kannst du entspannt liegen.

Leicht drücke ich deine Beine wieder hoch. Setzt mich auf deine Oberschenkel und nehme mir meinen schwarzen Liebling in die Hand. Sanft gleitet der dicke Dildo in meine schmatzende Votze. Dein Schwanz reibt sich leicht an meiner Povotze. Und wird so wieder steinhart. Hin und her drehe ich den Dildo in mir. du zerrst an deinen Handfesseln, mit einem kleinen Ruck befreie ich dich davon und sofort nimmst du den Dildo und vögelst mich damit. Leicht lasse ich mich auf dich nieder. Dein harter Schwanz von Nylon umspannt dringt so flutschig in meine Povotze. Immer tiefer lasse ich mich auf dir nieder und mit einem gemeinsamen Schrei der Erlösung verströmst du dich nochmals, diesmal tief in meinem Arsch. Herrlich, kann die Vibration in deinen Tiefen in mir spüren. Langsam und gesättigt erhebe ich mich von dir. Endlich kannst du dich lang machen. So erholen wir uns fürs erste vom Wirbel der Lust. Sacht streichen meine Hände über deinen Körper. Lasse dich überall das feine Nylon spüren und halte dich so wieder in der Gier nach Lust und Erlösung. Heute werde ich dich noch oft nehmen. Dir keine Ruhe gönnen. Dich immer wieder bis an den Rand treiben und dir doch erst ganz zum Schluss eine weitere Erlösung gönnen. Doch zuerst bringe ich dir einen Rauch und Käffchen zur leichten Erholung.

108

Heute mein Lieber, heute habe ich eine kleine Überraschung für dich. Was meinste Finn, kannste das noch aushalten? Du weißt ja, ich habe da so einen speziellen Freund, Bert, der möchte einmal ausprobieren wie es ist wenn er von mir gefordert wird und ein anderer Mann dabei zusieht. So habe ich mir gedacht, den lade ich doch prompt ein, wenn du schon einmal hier bist. Bert hat auch gleich zugesagt. Sein genialer Schwanz vibriert und freut sich schon irre darauf. Also enttäusch mich net und komm her. Du darfst dich auch auf dem ganzen Weg zu mir ohne Hose hinters Steuer setzten und dich reiben. Ausnahmsweise ;)

Kaum bist du steinhart bei mir angekommen, muss ich dich doch zuerst von dem irren Druck erlösen. Sofort gehe ich vor dir auf die Knie. Nur im Hemd stehst du da, die Beine zittern vor Anstrengung. Da nehme ich dich tief in den Hals. Komm Finn, sei mal nicht so lahm, nimm dir was du möchtest. Sofort greifst du mir ins Haar und hältst meinen Kopf sehr fest, während du immer tiefer in mich stößt. Hart sauge ich und ziehe deine Eier auch noch mit in den Mund. Meine Zunge rollt die feinen Kugeln hin und her und mit einer wahren Explosion verströmst du dich in meinem Hals. So jetzt kann Bert kommen, jetzt hältst du es ein Weilchen aus, das Zusehen.

Im Spielzimmer mache ich Platz, so dass du bequem mit aufs Bett kannst um genau zu sehen was abgeht. Schon ist Bert auch da. Er kann es genauso wenig aushalten wie du. Ruck zuck hat er sich die Kleidung abgestreift und ist sofort zu dir aufs Bett gekommen. In meinen High Heels und nur noch in Halterlosen stehe ich vor euch und schau mir diese Herrlichkeiten an. Finger weg ihr zwei. Die Schwänze gehören heute ausschließlich mir! Ich will es nicht nochmals sehen dass ihr euch selbst anfasst, verstanden? So lege ich mich quer über die Liege du habe nun auf jeder Seite meines Kopfes einen herrlichen und so total unterschiedliche Pfähle wippen. Lang und schlank deiner, Bert dagegen zeigt einen richtigen Pflog. Dick, sehr dick sogar, doch nicht zu kurz. Ein wundervolles lebendes Spielzeug. Sofort versenke ich einen dicken

Dildo in Berts Povotze, ich weiß das liebt er über alles. Finger weg! Meins! Sacht umfasse ich deinen Schwanz, reibe ihn sacht hoch und runter, nein nicht zu schnell und zu fest. Nur so zur Entspannung. Bert nehme ich zwischen die Lippen. Hart stößt er seinen Schoß hoch um noch tiefer in meinen Hals zu kommen. Doch dann lasse ich ab von ihm, hab heute eine irre Freude. Gleich zwei die scharf auf Nylons sind. Sofort streife ich, den beiden Schwänzen das feine Gewebe über und binde es an der Schwanzwurzel hinter den Eiern dicht ab. Prall und rot quellen die Eier hervor. Sacht streift meine Zunge die festen Kugeln. Keuchend nimmt Bert die Qual an. fest umfasse ich nun den Pflog, reibe ihn hart bis kurz vor dem Erguss, doch dann muss er wieder warten, ein wenig runterkommen. Ich kann doch nicht zulassen dass er zu schnell kommt.

Legt euch mal zurück, so ist es fein, dichter an einander. Herrlich. Leicht drehe ich euch seitlich und so kann ich beide Schwänze gleichzeitig in meinen Hals saugen. Hart kommt der erste Schuss. Heiße Sahne quillt durch das Nylon. Doch sofort lass ich euch wieder alleine. Noch immer in meinen High Heels stelle ich mich über euch. Deinen schwarzen Liebling in der Hand, beuge ich leicht das Knie. Langsam schiebe ich den wundervollen Dildo in meine tropfende und schmatzende Votze. Eure Augen hängen fasziniert an meiner Spalte. Sacht regst du einen Finger, nimmst die meinen Saft damit auf du streichst ihn Bert auf die Lippen. Heimlich versucht

Bert seinen Schwanz in die Hand zu nehmen. Tztz, du weißt doch dass ich das nicht zulassen kann. Sofort fixiere ich seine Hände hinter seinem Rücken. Nehme jedoch deine Hand und schließe sie fest um seinen Pfahl. Reib ihn, doch langsam denn ich will, dass Bert vor Lust und Qual schreit. Als er schon am wimmern ist, drücke ich mit einem kleinem Plopp den Dildo aus mir heraus. Er landet auf Berts Brust. Langsam lasse ich mich auf dem Pflog nieder. Sofort greifst du nach meinen Lippen und öffnest sie ganz deinem Auge. ich lange nach dem Dildo und lasse Bert diesen sauberlecken. Saug daran. So wie meine Votze dich tief einsaugt. Er schwebt irgendwo, sein Arsch mit einem dicken Dildo gefüllt, sein Pfahl von meiner Votze hart umspannt, spritzt er ab. Keine Ruhe gebe ich, hart reite ich ihn weiter.

Komm Finn, dreh dich mal um, so kannst du besser sehen. Leicht hebe ich mich hoch, in dicken Tropfen quillt unsere Sahne hervor. Doch sofort nimmst du den Schwarzen und drückst alles wieder hinein. Schmatzend und glitschig drehst du den Dildo in mir, ziehst ihn heraus und treibst ihn wieder ein. Langsam lasse ich mich nach hinten, und unten gleiten. Sofort verschwindet Berts Plog in meiner Povotze. Herrlich dieses Gefühl richtig ausgefüllt zu sein. Bert ist nur noch am Wimmern und hecheln. So drehe ich deinen Schoß ein klein wenig und dein Schwanz findet den Weg in Berts heißen Mund von allein. Hart bläst er dich. Saugt und leckt. Das Nylon ist schon richtig nass und gleitet noch einfacher in den engen Hals. Nach

Atem ringend lässt er dich wieder aus, doch das kann ich nicht zulassen. Sofort steige ich von seinem Schwanz. Du presst den schwarzen Dildo immer noch tief in meine Votze. So drehe ich mich um und lasse mich gleich wieder auf den Pflog nieder. So jetzt kann ich besser agieren. Sofort greife ich deinen Schwanz, reibe ihn und drücke dich wieder in den heißen Mund. Keuchend nimmt Bert dich auf. Und bereitet dir noch mehr Freude. Mit einem harten schnellen Ritt bringe ich den Pflog auch zum Sprudeln. So gefüllt lasse ich mich auf dein Gesicht nieder. Leck! Ich weiß doch dass du das magst. Fix greife ich nach dem Vibro-Ei schiebe es dir unter das Nylon an die Schwanzspitze. Dein Schrei lässt Bert sofort wieder hart werden.

Leicht drehe ich ihn auf die Knie. Hochaufgerichtet präsentierst du mir deine Härte. Mit einem kleinen Zwinkern und einer Drehung des Dildos in Berts Povotze lade ich dich ein, den Dildo zu ersetzten. Ein fester Klaps auf den Po, ein hartes führen deines Schwanzes und Bert wimmert. Ohhhhhhh, ahhhhh, langsam, ich bin noch Jungfrau. Doch egal ich will dass du ihn nun so richtig durchvögelst. Hart presst Bert seine Povotze zu. So drehe ich ihn wieder auf den Rücken. Setzte mich mit meiner Votze auf den Mund und spreize ihm die Beine. Sobald er anfängt sich zu verspannen ein kleines Zwicken in die Pobacken und sofort wird er weich und geschmeidig. Langsam schiebst du deinen Nylonumspannten Schwanz mit viel Creme auf dem Köpfchen in seinen Arsch. Wild schreit Bert unter meiner Votze, und ich kann die

Entjungferung sehen. Hart schwingt sein Schwanz gegen meine Titten. Dich immer weiter antreibend, rammst du dich immer tiefer und härter in ihn hinein. Schnell umfasst du seinen Prügel und wichst ihn dazu. Leicht neigst du den Kopf und mit einem Schrei entlädst du dich in seinem Arsch und auch Bert spritz schon wieder. Herrlich wie du sofort den Mund öffnest. So wie deine Sahne in ihn schießt so schießt seine Sahne in deinen Mund.

Ich liebe es euch so zuzusehen.

109

Und wieder ist es soweit, du hast Zeit und kommst bei mir vorbei. Schnell muss ich mich für dich lecker richten. Frisch geduscht und in eine herrlich rote mit schwarzer Spitze verzierte Corsage gehüllt, mit hauchzarten Halterlosen und deinen Lieblings High Heels harre ich deiner. Du Peer, heute sind wir völlig allein im ganzen Haus. Ich freu mich schon dir unten die Türe zu öffnen. Und schon sehe ich dich vorfahren. Schnell gehe ich runter und öffne dir direkt die Türe.

Völlig perplex schaust du mich an. Sofort ziehe ich dich rein ins Haus. Komm schon draußen isses mehr als Frisch. Langsam geh ich die Treppe vor dir hoch, doch weit komme ich nicht. Sofort greifen deine Hände in die weiche Fülle oberhalb der Corsage. Fest umfasst du die herrlichen Brüste und drückst deinen noch in Jeans eingepackten genialen Schwanz an meinen Po. Hart reibst du dich an dem nackten Fleisch. Schnell greife ich nach hinten und umfasse deine Härte. Noch immer auf der unteren Treppe stehend, bekommen wir schon wieder nicht genug voneinander. Fest legst du mir eine Hand zwischen die Schulterblätter. Ein leichter Druck und schon kippe ich für dich nach vorn. Sogleich schiebst du deine andere Hand tief in meine schon triefende Votze. Mit jedem Stoß deiner Hand in mir, treibst du mich eine Stufe höher. Heiß rinnt mein Saft deinen Arm entlang. Immer härter und tiefer stößt du hinein. Hart zieht sie die Votze um dein Handgelenk zu. Wild pulsend komme zum ersten Mal mitten im Treppenhaus.

Kaum sind wir bei mir oben angekommen, als ich dich auch sofort von deiner Kleidung befreie. Hart sauge ich deinen Prügel so tief es geht in meinen Hals. Fest greifst du mir ins Haar und drückst dich noch ein Stückchen tiefer in meinen Schlund. Der erste Schuss deiner Sahne rinnt heiß meine Kehle entlang. Herrlich, ich liebe es wenn du mich so nimmst. Fest kneten meine Hände deinen kleinen knackigen Po. Fest klemmst du die Backen zusammen, und drückst dich noch tiefer in meinen Hals. An meinen Haaren ziehst du meinen Kopf noch weiter nach hinten, und Schwups passt noch ein gutes Stück mehr von deinem großen Schwanz in meinen Hals. Wild pulsend kann ich dich kurz vor der Explosion spüren. Plötzlich ziehst du dich mit einem Ruck aus meinem Hals heraus.

Drehst mich um und sofort drückst du deinen dicken harten Prügel in meinen Arsch. Hart ziehe ich den Atem zwischen den Zähnen hindurch. Du bist so groß, du bist so dick. Mach langsam, sonst reiße ich. Doch du bist die Gier pur. Meinen Schmerz nimmst du mit Freuden. Doch kaum hattest du dich völlig in mir versenkt, als du auch schon wieder die hitzige Röhre verlässt. So von dir geweitet, drückst du gleich darauf einen dicken Dildo hinein. Deine Hand verschwindet wieder in meiner Votze und mit der Anderen vögelst du mit dem Dildo hart meinen Arsch. Hart drehst du deine Hand in mir. Wild bäumt sich mein Körper auf, ein kleiner Druck und der Dildo flutscht aus meinem Arsch. Ach? Höre ich da nur von dir und sofort schiebst du deine andere Hand statt dem Dildo rein. Beide Hände tief in meinen Löchern, dieses irre Gefühl wenn du sie drehst und wendest lässt mich mit einem heißen Schwall kommen. Dies magst du besonders gerne. Sacht ziehst du dich aus meiner Votze zurück und schiebst qualvoll langsam deinen Prügel in mich hinein. Mann, Peer, du bist so herrlich groß, meine Votze kann dich fast nicht aufnehmen. Auch dir ist es zu wenig. Fest krallst du

90

dich in meine Arschbacken und mit einem harten Druck nimmst du meinen Arsch in Besitz. Hart stößt du dich immer tiefer. Jeden Stoß erwarte ich mit tiefen Stöhnen und hartem keuchen. Jedem deiner Stöße komme ich voller Freude entgegen. Wild vögelst du nun meinen Arsch, wirst noch dicker und härter. Fast zerreißt es mich. Und heiß kann ich dich pulsen spüren. Plötzlich hältst du inne. NEIN Peer, bitte nicht. Wild reite ich nun deinen Pfahl, und wild spritzend schenkst du tief in mir deine heiße Sahne. Keuchend lehnst du dich an meinen Rücken. Noch tief in mir und nach Atem ringend kommst du langsam zu dir. Peer, es ist immer so genial Lustvoll mit dir.

110

Herrlich wenn ich auch nur daran denke was du mit mir alles anstellst. Ich kann nicht genug bekommen von dir. Wann immer ich von dir höre oder lese sammelt sich sämtliche Flüssigkeit zwischen meinen Beinen. Gierig danach sie dir zu geben. Schnell kann ich dich um die Ecke laufen sehen, sofort summt unten die Türe damit du ohne Stopp zu mir hoch kommen kannst. Wundervoll angezogen in einem Hauch von Nichts öffne ich die Wohnungstüre. Kaum bist du eingetreten falle ich auch schon über dich her.

Sofort greifen meine Finger in deinen Schritt. Will deine herrliche Länge und Dicke spüren, brauche deine Geilheit heute wie du Luft zum Atmen. Schnell öffne ich deine Knöpfe an der Hose. Meine Gesicht meine Wange reibt sich sanft an deiner Härte. Gierig sauge ich deinen Prügel in meinen Hals. Deine Hände streifen die Träger des feinen Spitzen BHs herunter, so dass dir die Brüste in die Hände fallen. Fest greifst du in die weiche Fülle. Dich hart saugend und zart reibend reize ich dich immer höher. Fest und hart liegst du in meiner Hand während meine Zunge das pralle Köpfchen streichelt. Leicht erhebe ich mich wieder zu dir hoch, deinen Schwanz noch fest umfangen und reibend. So am Schwanz halten an deinen Lippen saugend schiebe ich dich ins Spielzimmer. Dort helfe ich dir halb aus der Kleidung, will dich noch ein wenig Bewegungseingeschränkt denn sonst nimmst du mir wieder deine wundervolle Härte weg.

Um dich noch besser schmecken zu können, greifen meine Hände nach deinen kleinen festen geilen Pobacken, ziehen dich noch näher heran. Sogleich greifen deine Hände mir ins Haar, hältst mich fest um dich noch tiefer in meinem Hals zu versenken. Doch dann entziehst du dich mir wieder, entledigst dir schnell deiner Kleidung um mich dann sofort zu ergreifen. Tief dringt ein Finger in meine triefende Votze. Sofort schiebst du einen weiteren Finger und noch einen hinterher. Fast deine ganze Hand ist nun in meiner Votze. Weitest sie, drehst und wendest dich darin, bringst mich damit an den Rand des erträglichen. Wann immer ich kurz vorm explodieren bin, hältst du inne, um mich dann wieder dorthin zu treiben. Immer mehr meines Saftet rinnt an deiner Hand entlang. Plötzlich greifst du nach dem Vibro-Ei, leicht legst du es eingeschaltet auf meine Perle. Hart stoße ich mich dir entgegen und mit einem Schwall ergieße ich mich über dich. Bitte Peer, lass mich dich spüren, ich will dich, deine Härte tief in mir, stoß dich mir bis hoch n den Hals. Doch wie immer verweigerst du dich mir noch.

Ein fester Klaps auf meine prallen Backen, so fordert du meine Kehrseite. Voll und prall leuchtet mein Arsch dich an. Sofort kann ich dich spüren, sanft reibst du deinen Schwanz und streichst dich immer wieder durch die nasse Spalte. Doch dann greifst du nach dem Cremetöpfchen. Gierig reckt sich mein Arsch dir entgegen. Welche wundervolle Qual schenkst du mir heute? Mit einem dicken Klecks Creme machst du die Arschvotze bereit, bald ist sie weich und geschmeidig. Hart du pulsend liegt dein Pfahl an meiner Votze. Da siehst du das Blaue Teil neben dir liegen. Sacht, sehr, sehr sacht drückst du die aneinander gereihten Kugeln in meine Povotze. Heiß kann ich dich pulsen spüren. Wie kenn ich dich doch, dein Stöhnen, dein hartes Atmen, zeigt mir doch deine gierige Freude an dem Anblick. Noch eine der dicken Kugeln drückst du in die Povotze, glühend pocht dein Pfahl an meiner nassen Spalte. Den Arsch zum zerreißen gespannt drückst du deinen Schwanz nun noch in die Votze. Ales ist so knalleng, du kommst fast nicht hinein. Doch das macht dich noch gieriger, noch geiler. Ein leichter druck und schon rutscht eine der dicken Kugeln aus meinem Arsch, noch ein kleiner Druck von mir und nun liegt der Dildo in deiner Hand. Sofort greifst du nach dem anderen, dem Schwarzen, diesen treibst du bis zum Anschlag in die saugende Povotze. Wieder versuchst du deinen Pfahl in meine Votze zu kommen doch nun ist sie zu eng, jetzt passt deine Härte nicht mehr hinein. So ziehst du den Dildo gleich wieder heraus. Um dich selbst in meinem Arsch zu versenken. Langsam Lieber, Peer mach langsam. Denk daran du bist noch dicker und größer als jeder Dildo den ich für unser Spiel habe. Langsam schenkst du dich mir. Tief in mir kann ich dich zittern und pulsen spüren. Heiß schießt deine Sahne in meine Povotze. Keuchend kommen wir wieder zurück in die Realität.

Kurz gehst du noch ins Bad, ich kann einfach nicht genug bekommen und gehe dir nach. Dein weißer Arsch leuchtet mich an, ich liebe diese zwei kleinen knackigen Backen. Leicht streiche ich darüber, will dich nochmals. Setzt mich auf den Wannenrand und schau dir zu wie du dich wieder richtest. Kommst du mit mir in die Wanne? Verwöhnst du meinen Arsch noch einmal? Bekomme ich einen heißen goldenen Strahl von dir? Wohl heute nicht, du bist mit dem Kopf schon wieder fort, schon wieder bei der Arbeit. Auf bald wieder mein Freund. Freu mich auf dich Peer. Bis bald.

111

Herrlich wenn ich daran denke, voll ausgefahren, irre erregt zeigst du dich mir in all deiner Pracht. Seit Tagen liegst du mir in den Ohren, dass du einmal das feine Nylon auf dir spüren möchtest. Schnell ziehe ich einen kleinen feinen Nylonstrumpf über deine Härte. Sofort sprudelst du. Das feine Gewebe auf deinem Köpfchen brachte dich ruckzuck ans erste Ende des Spiels. Klebrig, nass und außer Atem lehnst du an der Wand im Flur. Fest umfasse ich deinen Schwanz und ziehe dich daran ins Spielzimmer. Völlig überwältigt stehst du da schon wieder steinhart. Was für eine Spielwiese, was für eine Dekoration. Das ganze Zimmer erstrahlt im Kerzenschein, an den Wänden hängen große mehr Aktbilder. Die pure Lust dampft aus deinen Poren.

Ein kleiner Schubs und du liegst der Länge nach auf der großen Spielwiese. Sofort schließen sich meine gierigen Lippen um die Klebrige Härte. Hart pulst dein Schwanz in meinem Hals. Langsam sehr, sehr langsam lasse ich meine Zunge über dein heißes Köpfchen streichen. Hart zuckst du, laut stöhnst du, am ganzen Körper zitternd liegst du weit geöffnet vor mir. Gierig stößt du deinen Schwanz immer noch tiefer in meinen Hals. Bekommst einfach nicht genug. Sei friedlich, mach langsam wir haben doch Zeit. Schon wieder fängst du an mit Pumpen. Sofort nehme ich ein Stück Nylon um es sehr fest um deine

Schwanzwurzel zu ziehen. Keuchend wegen dem kurzen Lustschmerz, hole ich dich wieder ein kleines Stück zurück. Steinhart, wimmernd vor Lust windest du dich vor mir.

Sacht streichen meine Hände über deine Brust. Hart stehen deine Warzen, schnell rolle ich diese zwischen meinen Fingern. Laut schreist du auf. Wie Nadeln durchzuckt dich die Lust. Hart reibst du dich auf dem Laken. Windest und wendest dich hin und her. Sofort schnappe ich mir deine Arme, binde sie und fixiere dich am Kopfende der Spielwiese. So nun hab ich dich vollständiger in der Hand hart reibe ich dich kurz. Sofort stößt du dich mir entgegen. Sacht wickle ich ein Stückchen Nylon um deine Eier. Ziehe sacht zu, um gleich wieder deine Qual zu erlösen. Kaum habe ich das Nylon gelockert als du schon wieder zu sprudeln anfängst. Das hört fast nicht mehr auf.

Leicht ziehe ich dich hoch, nehme wieder deinen Schwanz in die Hand und ziehe dich durch die Wohnung ins Bad. Stell dich unter die Dusche und erfrische dich mit kühlem Wasser. Endlich normalisiert sich dein Atem. Doch immer noch ragt dein Schwanz hart hoch. Sanft schließe ich ein weiteres Mal die Lippen darum. Sauge dich ein, tief noch tiefer. Mein Kinn drückt deine Eier und sofort kommst du wieder. Zittern und keuchend lehnst du in der Dusche. Fix fixiere ich dich am Haltegriff damit du mir nicht wegknickst. Und so lasse ich dir keine Ruhe immer und immer wieder nehme ich dich vollständig in meinen Hals auf. Ein Orgasmus nach dem anderen schüttelt dich. Hart und doch zart dringt mein Finger in deinen Arsch. Sanft massiere ich dir Rosette. Schon wieder sprudelst du. Wimmernd bettelst du um Ruhe. So nehme ich dich wieder erfrischt mit ins Spielzimmer. Nun bist du fällig. Du hattest mir im Vorfeld gesagt egal was ich möchte, mach mich fertig bis nichts mehr kommt.

Mit einem schnellen Griff habe ich das Vibro-Ei in der Hand. Öffne dich sachte und drücke dieses Ei in deine Povotze. Sofort bist du wieder knall hart, dabei habe ich es noch nicht einmal eingeschaltet. Leise hörst du es summen. Spürst den Druck in dir, und schon wieder schüttelt dich ein Orgasmus. Du bist fix und fertig und mehr als leer, doch ich schenke dir noch weiter trockene Orgasmen. Völlig erschöpft fällst du nach Stunden in dich zusammen. Bis bald mein Freund. Melde dich wieder wenn du so richtig leergemacht werden willst.

112

Wie immer freue ich mich riesig wenn du den Weg über Die BAB zu mir findest. Wen bringst du denn heute mit? Dave? Hallo Dave, was hat dir Finn denn alles versprochen? Doch ich bekomme keine Antwort. Du gehst schnell in die Küche und holst Käffchen für uns drei während Dave sich sofort an mir vergreift. Doch sacht schiebe ich ihn erst mal weg. Sachte mein Freund, sachte. Wir haben es doch nicht so eilig und ohne Finn geht eh nichts. Langsam ziehe ich Dave aus. Welch eine Farbe, in sattem Schokobraun leuchtet mich der Mann an. Mit flinken Fingern hilft auch er mir aus den Kleidern. Und schon stehst du da mit frischem Kaffee.

Gemütlich lehnen wir uns zurück und schlürfen genussvoll den Kaffee und sehen dir dabei zu wie du dich entkleidest. Sachte streichen Daves Finger über meine weiße Haut. Welch ein Kontrast. Endlich stehst auch du in aller Pracht vor uns in feines Nylon gehüllt. Gefällt dir der neue Overall? Ich habe ihn extra für dich besorgt. Doch auch du gibst mir keine Antwort, gehst aus dem Raum, kommst jedoch gleich wieder. Eine kleine feine Kamera hast du geholt. Herrlich ich freu mich schon jetzt auf die Fotos.

Doch nun wird Dave ungeduldig. Mit flinken Fingern hilfst du ihm dabei mich ans Bett zu fixieren. Mit seinem großen schwarzen Schwanz streicht er mir über den Bauch. Sacht kneifen seine Finger mir in die Brustwarzen bis sie steil und hart hervorstehen. Ich höre immer nur ein Klicken, so bist du flink dabei Fotos zu machen. Muss herrlich aussehen der Kontrast zwischen Dave und mir. Ich eine blasse geile Stute und er ein dunkler Hengst. Jetzt spüre ich euch ein jeder neben mir. Gleichzeitig nehmt ihr meine Beine und fixiert auch diese am Kopfende des Bettes. Weit geöffnet liege ich nun zwischen euch. Sofort öffnest du die Lade neben dir und holst deinen Lieblingsdildo heraus, den dicken schwarzen. Während Dave mir seinen Prügel zwischen die Lippen schiebt rammt er den Dildo in meine Votze. Und wieder klickt es neben mir. Genussvoll sauge ich den schwarzen Schwanz zu seiner vollen Härte. Immer tiefer rutscht er in meinen Hals. Keuchend versucht Dave sich aus meinem Mund zu ziehen, doch er hat keine Möglichkeit. Immer tiefer und fester sauge ich. Meine Lippen umspannen ihn und plötzlich spritzt er heftigst ab. Laut schreiend ergießt er sich in meinem Mund. Dicke weiße Sahne quillt zwischen meinen Lippen hervor. Mit einer Hand gibst du ihm einen Klapps, fick weiter sagst du nur. Doch langsam fällt er Prügel in sich zusammen. Doch du siehst nur die Sahne in meinem Mund. Schnell kniest du dich überm ich und sofort schiebst du deinen Schwanz in die heiße gefüllte Höhle. Ich kann deinen Genuss schmecken und spüren. Auch du bist sofort steinhart. Dein in Nylon gehüllter Schwanz vögelt meinen Mund aufs vorzüglichste. Dieser Anblick lässt auch Dave sogleich wieder bereit werden. Mit festem Griff umspannt er seinen Prügel und zieht diesen immer wieder durch meine nasse Votze. Gierig auf mehr, drückst du ihn ein wenig zur Seite. Nimmst einen Klecks Creme und machst mein Povötzchen weich und bereit. Mit dem dicken Dildo reibst du die Creme richtig ein. Und schiebst ihn dabei immer tiefer in die enge Röhre. Daves Finder erkunden meine Votze. Satt schmatzen gibt sie ihr Wohlbefinden preis. Leicht reibt sich nun der schwarze, harte Prügel an meiner kleinen Perle, macht mich so noch geiler und gieriger.

Kaum auszuhalten ist das. Leicht öffnen Daves Finger die triefende Votze und wieder klickt es neben mir. Die nasse rosa Votze heißt die dunklen Finger willkommen. Plötzlich stößt Dave seine Finger tief in mich hinein und mit einem Schwall heißen Saftes ergieße ich mich. Doch das ist euch beiden nicht genug. Wild reibt ihr beide eure Schwänze. In einer Hand von dir liegt die Kamera und die Andere reibt dich bis an die Grenze. Auch Dave ist schon wieder soweit und gemeinsam spritzt ihr eure Sahne auf meine glitschige Votze. Doch diesmal bleibt Dave hart. Sofort rutscht er über mich und dringt hart in mich ein. Schmatzend und triefend treibt er es immer härter und tiefer. Klick, klick, klick höre ich nur. Bitte Finn nimm mir die Augenbinde ab, lass mich mit sehen. Ich finde das so geil. Du hast erbarmen, und lüftest die Binde kurz. So kann ich sehen wie der schwarze Prügel mich auf Teufel komm raus fickt. Sofort lässt du die Augenbinde wieder los und in

Dunkelheit gehüllt kann ich nur noch fühlen. Der große Druck in meiner Votze verschwindet. Langsam zieht einer von euch den Dildo aus meinem Arsch. Und sogleich ersetzt Dave diesen durch seinen Prügel. Langsam, eh zerreiße mich nicht. Wir wollen doch Spaß haben. Doch keiner hört mich. Fix bindest du mich los, Dave gleitet aus mir heraus. Sofort drehst du mich auf Dave und er versenkt seinen Schwanz wieder in meinem Arsch. Gierig dringen deine Finger in meine Votze ein. Ich bin durch Dave so eng dass ich dir fast die Finger breche. Sofort drückst du deinen Nylonumspannten Schwanz in die triefende Votze. Solch eine Enge hast du noch nie erlebt. Hart pumpt und stößt Dave von unten immer tiefer in mich hinein. Im Stakkato ziehen sich meine Votzenmuskeln um deinen Schwanz zu. Heiß pulsend kann ich euch beide tief in mir spüren. Sachte versuche ich mich zwischen euch zu winden und schon ist es wieder soweit. Keuchend und heiß er gießt ihr euch in mir. Sofort zieht ihr euch zurück. Mich mit euren Händen haltend liege ich da und sacht rinnt eure Sahne aus mir heraus.

Mann, Finn, Dank dir für den Genuss. Gib mir ein kleines Weilchen, dann seid ihr dran. Dann verspreche ich dir auch den geilsten Genuss.

113

Langsam mein Freund. Jetzt bist du dran. Ich werde dir so viel Lust schenken, dass du immer wieder gierig danach sein wirst. Ich dreh mich um und was sieht mein trübes Auge? Einen schlafenden Dave. Nix gewohnt ;). Leicht nehme ich seinen Schwanz in die Hand und reibe ihn sacht. Schon zuckt er wohlig in meiner Hand. Komm Finn, stell dich nicht so an, mit der anderen Hand führe ich deinen Kopf und sogleich rutscht der schwarze Schwanz zwischen deine Lippen. Du saugst und leckst ihn zur vollen Pracht. Nicht nur den Schwanz mein Lieber, die Eier wollen auch verwöhnt werden. Während du seinen Schwanz saugst und leckst widmen sich meine Lippen und Zunge seinen Eiern. Dabei halte ich deinen Stab leicht reibend in der Hand. Langsam und wieder voll Lust erwacht Dave aus seinem kleinen Schläfchen.

Nun drehst du dich damit du besseren Zugang zu seinem Prügel hast. Na? Willst du ihn heftiger Spüren? Auch Dave dreht sich nun zu dir und verwöhnt mit seinem Mund deinen Schwanz. Steinhart zittert deiner in seinem Mund. Immer wieder muss ich Dave aufhalten. Ich will nicht dass du schon wieder kommst. Leicht ziehe ich dich weg. Befreie deinen Schwanz vom Nylon und öffne den Overall an seiner Unterseite mit einer Schere. Jetzt liegst du steif und blos vor uns. Auch Dave ist wieder zu jedem Stoß bereit. Doch diesmal will ich es anders. Ich reiche dir die Creme und nun machst du Dave's Povotze bereit. Mit einem kleinen Dildo weite ich ihn und bereite ihn auf deinen Stab vor. Gierig kann ich dich zittern sehen. Schnell gleitest du zwischen seine Beine. Dich auf seinen Schenkeln abstützend führe ich deinen Schwanz an die kleine enge Pforte. Nun macht es in meiner Hand immer wieder klick, klick. Mit vor Lust leuchtenden Augen drückst du dein Köpfchen in die Rosette. Stöhnend nimmt Dave dich auf. Er hat Angst ist doch euer erstes Mal zusammen. Immer tiefer drückst du dich in die enge jungfräuliche Arschvotze.

Zitternd vor Lust und Schmerz windet sich Dave vor dir. Das macht dich so was von geil. Dein Schwanz schwillt noch größer und dicker an, füllt die Arschvotze völlig aus. Ein fester stoß und auch du schreist auf, jedoch vor Lust, denn meine Lippen schließen sich fest um den vor dir hoch aufgerichteten Schwanz. Bei diesem Ansturm der Gefühle will Dave gleich wieder Sprudeln, doch das ist nicht erlaubt. Fest, sehr fest drücke ich seinen Prügel und nehme ihm so die höchste Erregung. Hart fickst du dabei seinen Arsch. Ich schiebe dich kurz zurück. Will was anderes sehen. Du kennst doch meine voyeuristische Ader. Schnell Dave auf die Knie mit dir. Ich will sehen und hören wenn Finns Eier gegen deine Klatschen bei jedem Stoß. Welch herrliches Bild
Zweimal Eier aneinandergepresst. Das muss, klick, klick. Und da ich gerade so schön neben dir bin, scheibe ich dir gleich noch das Vibro-Ei in deinen

Arsch. Nun wirst auch du laut. Fix eingeschaltet treibt es dich zu einer wilden Raserei. Rein raus rein raus, wild und hart fickst du die Arschvotze. Welch ein Genuss euch zuzusehen. Aufschreiend ergießt du dich in Dave. Doch der ist selbst so aufgegeilt und gierig nach einer Erlösung, dass er dich von sich schiebt. So auf dem Rücken liegend greift er sich dir zieht einmal am Vibro-Ei und ersetzt dieses sofort durch seinen Schwanz. Keuchend vor Schmerz und der Dicke seines Schwanzes lässt du dich in die Kissen fallen. So entspannt gleitet Dave bis zum Anschlag in dich hinein. Seine flinken Finger bringen dich auch wieder hart.

Ups es klingelt, wer kommt denn da noch so spät? Peer hallo welche Freude. Sofort greife ich ihm in die Hose, hole den herrlichen Prügel hervor und ziehe ihn so, mit zu euch. Als er das Szenario sieht rammt er seinen Pfahl sofort in meine noch geschmierte Arschvotze. Welch ein herrlicher Tag ist heute. So von Peer gevögelt, deinen Schwanz reiben und Dave zuzusehen wie er dich vögelt. Bringt uns alle zu einem sofortigen Erguss. Zwar ist der Kaffee von vorhin schon kalt, doch dieses Nass ist nun Lebensnotwendig. Na Finn möchtest du Peer Prügel auch mal spüren? Ach dir macht seine herrliche Größe Bedenken? Komm schon Lieber Finn, das ist solch eine Freude ihn in dir pulsen und kommen zu spüren. Wenn er seine Lust voll Lebt und alle heiße Sahne in dich pumpt. Doch irgendwie sind meine Herren hier für heute, fürs erste schon geschafft. Nun dann ruht euch aus, Peer? Verwöhnst du mich noch ein wenig? Ich habe solch große Lust auf dich. Dave und Finn sehen zudem auch gerne zu wenn du mich so richtig hernimmst. Doch das wird eine neue Geschichte. Also bis dann.

114

Fünf Uhr morgens und es klingelt. Ups wer will denn um diese Zeit was von mir? Das ganze Haus pennt noch. Schnell werfe ich mir einen Hauch von Kleidung über und geh mal nachschauen. Welch eine Freude, hallo Peer schön dich zu sehen. Was darf ich dir gutes Tun?

Gierig streifen deine Augen über meinen Körper. Hart stehen die Warzen und drücken gegen den Hauchzarten Stoff. Die Tür in der Hand drängst du mich tiefer ins Treppenhaus. Heftig drückst du mich an die Wand. Pst Peer, net so stürmisch, leise sein wenn die andern aufwachen haben wir ein Problem. Doch du bist keinen guten Worten mehr zugänglich. Hab keine Zeit murmelst du an meinen Brüsten. Hast um Sieben einen Termin und musst da noch ca. Hundert Kilometer über die Bab hinfahren. Doch deine Geilheit und mein obergeiler Arsch haben dich um diese Zeit zu mir geführt. Gierig und hart saugst du meine Brüste durch den Stoff. Heftig schiebst du das Gespinst zur Seite. Ratsch höre ich und ein kühler Luftzug streift meine heiße, von deinen Lippen nasse Haut. Hart drängst du deinen großen, dicken Peer gegen meinen Bauch.

Schnell winde ich mich unter dir weg und fix die Treppe hoch. Kaum oben noch nicht mal in der Türe, greifst du in mein Haar. Wickelst es dir um die Hand und ziehst einmal kräftig daran. Der Schmerz lässt mich keuchen und sofort stehen bleiben. Hart reist du noch an meinem Kleidchen und schon stehe ich nackt und blos im oberen Treppenhaus. Sogleich hast du deine Hose offen. Dein Prügeldrängt sich gegen meinen Arsch. Deine Hand noch in meinem Haar, die andere an meinem Bauch reibst du dich noch härter an meiner Arschfurche. Mit einem Schritt sind wir in der Wohnung. Ein dumpfer Knall und die Türe fällt zu. Sogleich lässt du mich los. Packst mich an den Hüften und dein Prügel bahnt sich unbarmherzig den Weg in meine enge Arschvotze. Langsam Peer, bitte mach langsam, ich zerreiße sonst. Du bist so wundervoll Groß doch bitte gib dem Arsch Zeit sich daran zu gewöhnen.

Du bist so gierig, so aufgeheizt, kannst nicht mehr denken und nimmst mich fast brutal und hart. Mit tiefen harten Stößen treibst du mich ins Schlafzimmer. So von deinem Schanz auf geile Art gequält falle ich ins Bett. Leise regt sich ein Kopf und hebt sich uns entgegen. Doch dich stört das nicht. Finn sieht nun mit schalftrüben Augen doch voller Interesse zu wie du mich kraftvoll in den Arsch vögelst. Sacht schiebt Finn seine warme Hand vor und knetet deine Eier. Jetzt erst nimmst du ihn zur Kenntnis. Hart treibst du dich noch tiefer in mich. Doch plötzlich hältst du inne. Ziehst dich fast komplett heraus, verweilst so während meine inneren Muskeln die pralle Eichel in mir massieren. Finns Lippen saugen sich gerade an meinen Brüsten fest. Deine Eier in sachtem doch festem Griff rollt er sie in seiner Hand hin und her. Fest pulst dein Prügel in mir. Vorsichtig schiebst du seine Hand weg, ziehst dich völlig aus mir zurück und drehst mich um.

Wieder greifst du in mein Haar, fixierst meinen Kopf und treibst deinen Schwanz nun hart und fest in meinen Schlund. Es bereitet dir eine irre Lust, wenn ich fast würgend deine Härt in meinen Hals aufnehme. Plötzlich hilft dir auch noch Finn. Er setzt sich hinter mich. Hält meinen Kopf wie in Schraubzwingen, und gibt dir so die Möglichkeit noch tiefer meinen Mund zu vögeln. Gierig schaut Finn hin, ich kann seinen harten Schwanz in meinem Rücken spüren. Leicht beugt Peer sich vor, Ohhhhhhh, so tief war er noch nie in meinem Hals. Dann ist plötzlich eine große Leere in meinem Mund. Wieder werde ich gedreht. Du Finn rutscht unter mich. Spießt mich mit deinem Schwanz in meiner Votze auf und Peer nagelt mich sofort wieder in den Arsch. So von zwei herrlichen Schwänzen verwöhnt zu werden. Welch ein Genuss.

Hart stößt Peer langsam zu, treib unsere Lust immer noch weiter und höher. Doch du, Finn, noch nicht lange wach, und immer geil, explodierst plötzlich in heißen Wellen und schreiend in mir. Langsam tropft deine Sahne aus mir und schmiert Peers Prügel. Dieser rammt sich sofort noch tiefer in meinen Arsch. Wimmernd und bettelnd sage ich nur, Peer bitte schlag Finns Sahne in mir auf. Sogleich wechselt mein Peer das Loch. Wild und hart treibt er es nun in meiner Votze. Hart spannen sich meine Muskeln um den genialen Prügel. Fordern damit immer noch mehr. Ich kann dich schon hart pulsen spüren. Jetzt wirst du noch härter, noch dicker und mit einem Mal schießt auch deine Sahne in mich.

Keuchend nach Atem ringend liegen wir nun da. Doch du mein liebster Finn, drehst dich um. Spreizt meine Beine noch weiter und leckst die herrlichen Proteine aus meiner triefenden Votze. Welch ein herrlicher Tagesanfang. Diese Freude ihr meine zwei Lieben könnt ihr mir immer wieder bereiten. Und schon eilt Peer unter die Dusche, noch ein Schluck Kaffee du schon ist er wieder auf der BAB. Bis auf bald wieder mein Lieber. Matt und fürs erste gesättigt, schlafen wir noch eine kleine Runde weiter bis uns die Lust wieder weckt.

115

Gestern hab ich Finn gesagt, morgen kommt Peer auf Besuch zu mir. Leider kam da keinerlei Reaktion von Finn. Irgendwie hat er diesen Satz völlig überlesen. Doch drängeln tut an sich nur Finn, seltenst ich. So werde ich es einfach auch ignorieren diese Ignoranz von Finn. Dann will er es diesmal nicht so genau wissen. Kaum ist der Tag angebrochen, klingelt es schon an der Türe. Überrascht, denn ich erwarte Peer erst gegen Mittag, und es ist grad mal zehn Uhr geh ich öffnen. Finn steht da und welch eine Überraschung er hat einen Gast mitgebracht. Sry sagt er nur, ich dachte ich bring dir mal was mit was Peer und mich erfreuen würde. Schnell bitte ich euch aus der Kälte in die warme Wohnung.

Kaum seid ihr eingetreten fangt ihr auch schon an euch eurer Kleidung zu entledigen. Finn ich liebe es dir zuzusehen wenn du dich aus den Herrenklamotten rausschälst und darunter wunderfeine Halterlose und ein Spitzenslip zum Vorschein kommt. Doch ich geh erst mal Käffchen machen. Sogleich nimmst du jedoch deinen Gast mit ins Spielzimmer. Sie macht es sich auch gleich bequem auf der riesigen Spielwiese. Auch sie ist noch in Spitze und Nylon gehüllt. Lange sehe ich sie mir an. Hmmmmmmmmmm mein Freund ob das wohl die richtige Wahl war? Du kennst Peer doch und weißt was er mag. Zudem weißt du genau dass nichts über meinen prallen Arsch bei Peer geht. Doch schauen wir mal wie belastbar deine Freundin ist. Würdest uns mal vorstellen? Das hast du bis jetzt noch vergessen. Silja eine kleine Keltische Frau, eine gierige meinst du dazu. Irgendwie rennt die Zeit, denn schon ist auch Peer da.

Gierig fällt er gleich im Flur über mich her. Ich bins ja gewohnt. Doch heute, heute öffne ich schnell seine Hose, nehme mir den wundertollen Prügel in die Hand und führe ihn ins Spielzimmer. Ein heißes Keuchen entschlüpft ihm. Mit geöffneten Beinen und Slip liegt Silja da und spielt an sich herum. Doch nun muss ich mich erst um dich kümmern. Peer reist sich die Kleidung vom Leib und will gierig nach Silja greifen. STOP Peer! Warte! Nur schauen ist erlaubt. Ich kann sehen wie schwer dir das fällt. Doch du greifst nur nach Siljas Knöcheln und schaust dich satt an der schon nassen Votze. Glänzend leuchtet sie euch an, fast so strahlend und süchtig wie deine Augen. Bitte Peer mein Lieber, ich muss Finn erst verschnüren. Er darf sich nicht berühren darf nur schauen was du alles mit Silja anstellst und was ich mit euch beiden Herrlichkeiten anstelle.

Auf der Spielwiese kniend den geilen Duft von Silja tief einsaugend wandern Peer Finger langsam die Beine herunter. Immer näher an die feucht glänzende Votze. Peer sei vorsichtig, ich kenne Silja nicht, weiß nicht wie belastbar sie ist. Doch du bist keiner Worte mehr zugänglich. Tief stößt du erst einen Finger dann zwei in die Votze. Wild aufbäumend nimmt Silja dich auf. Wimmernd windet sie sich um deine Finger. Hart ziehen sich ihre Muskeln um dich zusammen. Mit einer Hand spreizt du sie noch weiter. Mit der anderen versuchst du noch tiefer zu gelangen. Langsam schiebst du noch einen dritten Finger mit hinein. Laut schreit sie auf, Vorsicht ich reiße. Doch wir beide wissen so leicht reißt Frau nicht. Plötzlich hast du fast unbemerkt alle vier Finger in ihrer Tiefe, dein Daumen reizt die pralle Perle. Keuchend liegt sie tropfend vor dir.

Langsam schließen sich meine Finger um deinen Prügel. Reiben sacht hoch und runter. Bretthart liegst du in meiner Hand. Doch mein Lieber, es ist so unbequem. Leicht stupse ich dich an. Du fällst zur Seite, endlich, sagt Finn da von seinem Stuhl aus. Endlich kann ich richtig zusehen. Schnell drehe ich Silja auf die Knie. Ich weiß du liebst den Anblick einer triefenden Votze und eines geilen Arsches. Ich mache es mir bequem zwischen deinen Beinen und lecke den harten Stab von dir. Leicht sauge ich deine Eier in meinen heißen Mund. Finn hebt ein Nylon umspanntes Bein und reibt damit meine Votze bis sie sprudelt. Die Luft von purer Geilheit geschwängert. Treibst du deine Fingerspiele mit Silja immer weiter. Immer härter stößt du deine Hand in ihre Votze. Immer tiefer sauge ich deinen Prügel in meinen Hals. Wimmernd sitzt Finn da, mit tränenden Augen verfolgt er jedes Zittern jede Bewegung von uns.

Plötzlich lässt du ab von Silja, drehst dich und holst dein Lieblingsspielzeug aus der Lade. Silja keucht hart auf als sie sieht was du in der Hand hältst. Sofort drückst du sie in die Kissen und mit einem harten Stoß treibst du den schwarzen dicken Dildo in ihre Votze. Ein fester Klapps auf ihren Arsch und sie ist wieder ruhig und lässt dich weiterspeilen. Mit einem dicken Klecks Creme bereitest du nun ihren Arsch auf deinen Prügel vor. Leicht dingst du mit einem Finger in den engen Arsch ein. Doch sie weint nur. Diese Enge ist sie nicht gewohnt. Komm Peer lass sie. Wir machen das anders.

Schnell schiebe ich deinen Stuhl, Finn, dichter ans Bett. Jeder an einer Seite von Silja heben wir sie schnell auf Finns Härte. Wild schreiend spießt Silja sich auf den Pfahl auf. Sie windet sich hin und her. Fix löse ich deine Fesseln an den Händen, damit du sie ruhig halten kannst. Langsam beruhig sich Silja wieder. Wirklich Finn, du solltest doch unsere Spielart kennen. Doch wir werden Silja gemeinsam einlernen. Peer widmet sich mehr als prall und geil meinem, seinem Lieblingsarsch. Tief treibt er den blauen Kugeldildo in meinen Arsch. Sacht dreht und wendet er ihn, stößt zu und zieht ihn wieder heraus. Dabei ist seine Hand tief in meiner triefenden Votze vergraben. Mit riesigen Augen schaut Silja zu. Plötzlich zieht Peer seine Hand aus mir heraus. Um mich sogleich mit seinem Prügel zu füllen. Hart stößt er zu. Immer tiefer du härter treibt er sich hinein. Voller Gier beugt sich Silja vor. Mit den Zähnen fängt Peer ihre Brustwarzen ein. So hart wie er mich stößt, saugt er daran. Und Silja windet sich voller Geilheit auf deinem Schwanz. Keuchend mit äußerster Anstrengung musst du dich zurückhalten. Hart drückt ihre Votze an deine Eier. Wild windet sie sich. Peers Lippen und Zähne malträtieren fast ihre Brüste. Doch ist der erste Schmerz ist vorbei, wird es reine pure Lust. Ich weiß das, denn Peer schenkt mir diese irre Lust immer wieder.

Immer schneller zuckt Silja auf deinem Pfahl. So hart und wild, dass du dich nicht mehr beherrschen kannst und dich in heißen sahnigen Wellen in ihr verströmst. Sofort zieht Peer sie von deinem Schwanz. Legt sie sich vor sich hin. Mit beiden Händen fest ihre Hüften fixiert. Führt meine Hand seinen Prügel an die kleine feine Arschvotze. Mit einem tiefen keuchen und hartem Stoß versenkt sich Peer in dem Arsch. Vor Lust und Schmerz weinend bäumt sich Silja auf. Nimmt Peer somit noch tiefer auf. Fest massiert meine Hand Peers Eier. Ein- zwei tiefe Stöße in die heiße Sahne von Finn, und auch er spritzt seine Sahne mit hinein. Fast geschunden, doch lustvoll ermattet fällt Silja auf die Laken. Doch wir haben noch lange nicht genug. Leicht streichelt Peer ihre Perle weiter, während du Finn von Peers Prügel die Sahne leckst. Schnell hole ich noch die Kamera, um noch ein abschließendes Foto zu machen. Mensch da hättet ihr früher dran denken können.

Gemeinsam helfen wir der erschöpften Silja auf und gehen ins Bad. Eine Erfrischung tut uns allen nun gut. Ein wenig Zeit braucht Silja und ihr meine zwei Liebsten Schwänze bis wir weiter spielen können. Denn noch so hungrig lasse ich euch nicht gehen.

116

Heute mein Freund bist du fällig. Letztes Mal bei mir hast du mich hungern lassen, und bist einfach wieder gegangen und ich blieb triefend zurück. Heute werde ich dich benutzen, deinen Körper und deine Lust genießen. Vielleiht schenke ich dir dann noch deine Erfüllung. Doch zuerst, bevor du mich bekommst mit Haut und Haaren, werde ich dich bekommen. Komm her mein Lieber, ich habe so große Lust auf dich und deinen Prügel.

Kaum erreicht dich diese Mail, rufst du schon an um mir zu sagen bin unterwegs. Wenig Später stehst du schon in meiner Burg. Gierig greifst du nach mir. Doch ich habe ein leichtes feines Tuch in der Hand und binde dir deine Hände weg. Frustriet knurrst du in deinen Tiefen. Fix öffne ich dein Hemd. Ziehe es dir mitsamt der Jacke aus. Sodann ziehe ich dich mit ins warme Spielzimmer. An die Tür gelehnt stehst du fixiert vor mir. Mit den Zähnen öffne ich jeden einzelnen Knopf an deiner engen Jeans. Sacht schiebe ich die Hose Zentimeter für Zentimeter herunter. Ein schneller Griff hinein und der herrliche Schwanz, das glänzende Köpfchen leuchtet mich an. Tief ziehe ich dich in meinen Hals während meine Hände dich von dem überflüssigen Stoff befreien. Fest schließen sich meine Hände um den knackigen Po. Mit festem griff massiere ich deine Backen. Dein Schwanz zuckt in meinem Mund. Drängt weiter doch pst mein Lieber, nicht so schnell. Leicht streicht ein Finger immer wieder durch die Poritze. Hart drängst du dich gegen mein Gesicht.

Himmel Peer, mach mal langsam. Ich will dich ganz, ganz langsam verrückt machen. Doch du drängelst und schiebst. Ok mein Lieber, dann also anders. So schiebe ich dich aufs Bett. Löse deine Fessel und binde dich links und rechts am Bett fest. Jetzt, jetzt gehörst du mir. Hart stößt dein Schoss hoch. Langsam, qualvoll langsam koste ich zuerst deine Eier. Sacht leckt meine Zunge darüber. Deine Beine umschließen mich. Ok die kannst du auch nicht ruhig halten. Fix hole ich noch zwei weiche Tücher, und binde deine Knöchel an deine Hände. Nun liegst du offen und bereit vor mir. Leicht spielt meine Zunge mit deinem Schwanz, den festen Kugeln. Sofort zieht sich die Haut um die Kugeln zusammen. Wie kleine harte Bälle spüre ich dich an meiner Wange. Fest reibt sich mein Gesicht an dir. Leicht streichen meine Finger durch deine Poritze.

Schnell hole ich einen Klecks Creme, diese feine kleine Povotze will ich heute erkunden. Sanft massiere ich die Creme ein, dabei dringt mein Finger immer tiefer. Langsam weite ich dich. Zitternd tanzt dein Prügel vor meinen Augen. Ein leichter Zungenschlag gegen das Köpfchen, ein fester griff um den Schaft und schon kann ich dich zum ersten schmecken. Ein Dicker Tropfen deiner Sahne bahnt sich den Weg über meine Zunge tief in meinen Hals. Sofort reckst du dich und willst dem Tropfen folgen. Doch fest lege ich meine Hand auf deinen harten Bauch. Leicht kreisend massiert mein Finger deine Povotze. Immer weicher und bereiter wirst du. Heute mein Liebster, werde ich dich vögeln. Ich greife in die Lade und hole zuerst mal das kleine Vibro Ei heraus. Flugs ist es in dir verschwunden. Auf kleinster Stufe eingeschaltet, massiert dich die Vibration von innen. Meine Hand reibt und drückt dich liebevoll. Meine Zunge leckt über deine heiße Eichel. Sacht schalte ich die Vibration höher. Keuchend nimmst du es an. Hart zuckt dein Schwanz. Langsam wandert meine Zunge übe deinen Schaft tiefer. Leckt die zarte Rosette. Knabbert an den Eiern und streicht wieder hoch zu der unglaublichen Hitze deiner Eichel. Immer wieder kann ich dich tief innen schon pumpen spüren. Sofort hört die Vibration auf in dir. Die Hand umfasst dich noch fester. Sacht kratzen meine Zähne über die übersensible Eichel.

Sodann greife ich einen der wundervollen Dildos. Über dein Gesicht gebeugt, ficke ich mich selbst mit dem dicken schwarzen Dildo. Tief dringt er in mich ein. Meine Nässe tropft, meine Lust kannst du fast auf deiner Zunge schmecken. Leicht drücke ich, und der Dildo rutsch heraus. Sofort schiebe ich den Dildo wieder rein, doch welch Freude er rutscht nach hinten, und dringt mit einem satten schmatzen in meine Povotze. Meine Lippen ziehen deinen Schwanz nun noch tiefer in den Hals. Zitternd bettelst du nach mehr. Sachte Peer, sachte. Wir haben heute Zeit. Langsam hebe ich mich über dich. Deinen Schwanz fest in der Hand, ziehe ich ihn immer wieder durch die schmatzende Votze. Leicht reite ich nur das Köpfchen. Voller Gier willst du mehr. Immer wieder lasse ich ab von dir, ich will dich noch nicht spitzen sehen. Wieder rutsche ich zur Seite. Meine Finger der einen Hand in und an deinem Arsch. Die andere Hand reizt meine kleine Perle. Weit geöffnet ficke ich mich selbst und lass dich so meine Lust sehen. Mein Gesicht streift deinen Prügel. Die Zunge streicht sanft darüber. Die Lippen saugen dich hart ein. Und immer wieder reite ich auf dem schwarzen Dildo vor deinen Augen. Du bettelst, du hältst es fast nicht mehr aus.

Ich drehe mich ein wenig, und sofort stößt dein Prügel gegen meine heiße nasse Votze. Langsam lasse ich mich auf dich nieder. Langsam reite ich nun deinen Prachtschwanz. Der Arsch gefüllt mit dem Dildo so wird die Votze so knall eng dass du da fast nicht mehr reinpasst. Doch ich drücke mich immer tiefer auf dich. Hart pulst du in mir. Hoch und runter in einem leichten Galopp reite ich dich. Hart pulst du in mir. Schon wieder stehst du an der Rande der Lust. Willst dich verströmen. Du wirst noch härter und dicker. Schnell steige ich ab von dir. Meine Lippen schließen sich um deinen nassen Pfahl. Hart und schnell sauge ich dich und wie eine Explosion schießt deine Sahne in meinen Hals. Erschöpft bittest du mich dich freizumachen. Kaum habe ich dich befreit, holst du den schwarzen Dildo und rammst ihn in meine Votze, dann noch den blauen, den feinen Kugeldildo. Damit vögelst du nun meinen Arsch. Schnell bin ich auch wieder soweit. Ein kleiner Druck und der Schwarze Dildo flutscht aus mir heraus,ich will deine Hand in mir haben nicht den Schwarzen. Sofort erfüllst du mir diese Bitte. Vögelst meine Votze mit deiner Hand und in Strömen rinnt mein Saft deinen Arm hinab. So erfreut und entspannt können wir gemeinsam duschen gehen.

117

Hallo, wer bist du denn und wer schickt dich denn bei mir vorbei? Lair? Welch ein Interessanter Name. Sage mir liebe Lair, ist dein Name auch Programm? Den Namen hätt ich gerne, Lair die Göttin der Lust und Leidenschaft. Du siehst mir so jung und so unschuldig aus. Doch das bekommen wir auch hin. Peer hat dich mal vorgeschickt, damit ich dich ein neig vorbereite. Nun denn, er hat sich dich ausgesucht ;). Du kennst unseren lieben Dom-Peer? Komm dann erzähle ich dir mal was dir alles wiederfahren kann. Also Peer, mein Lieblingshengst, ist sehr fordernd, er nimmt sich was er will und braucht. Oft auch ein wenig härter. Kommst du damit klar? Ich will keine Tränen sehen. Mann, Peer, wenn du mir mal wieder wen vorbeischickst zum Spiel mit deinem Prügel, dann doch bitte eine die eingeritten ist. Die kleinen feinen lieben Mädchen sind zu empfindlich.

Nun komm damit du bereit für Peer bist wenn er ankommt. Du hast Glück, mein Freund Finn ist auch noch da mit dem kannst du zuerst üben. Hey Finn, schau doch mal was Peer uns zum Spielen schickt. Jo da freust du dich. Sofort machst du dich über das Girl her. Dicke Titten locken dich doch zu sehr. Hart greifst du in diese Fülle, knetest und drückst. Was für Warzen, zentimeterlang und hart stehen sie hervor. Wild spielt deine Zunge damit. Glänzend locken sie dich weiter zu machen. Sacht kratzen deine Zähne darüber. Dein Schwanz tanzt auch schon vor Freude. Sogleich ziehst du ihr das Panty runter, deine Finger wühlen in der Nässe der heißen Spalte. Doch du darfst sie nicht nehmen. Das lasse ich nicht zu. Hart schiebst du gleich die halbe Hand in die triefende Votze. Sacht drehst und wendest du deine Hand in ihr. Zitternd voller gier liegt sie vor dir. Doch Stopp! Mach sie nicht fertig, sie soll doch Peers Spielzeug sein heute.

Du nimmst Lair in deine Arme und drehst dich mit ihr auf der Liege. Sacht ziehe ich sie tiefer. Meine Hand führt ihren Kopf und drücke den immer tiefer auf deine Härte. Wild schluckt sie dich tief in den Hals. Mit gespreizten Beinen den Po hochaufgerichtet kniet sie über deinem Schwanz und leckt, schleckt und saugt dich so hart wie es nur geht. Peer tritt leise ein. Sofort öffne ich seine Hose, sauge den Prügel tief in meinen Hals. Zuerst mein Freund, gehört der Schwanz mir. Hart blase ich dich auf. Mache dich bereit für den doch so engen Arsch der dir entgegenleuchtet. Ein wenig klein sieht der Arsch schon aus für dein doch recht großes Gerät. Nur ich kenn dich ja, da nimmst du keine Rücksicht drauf. Sie hat sich dir angeboten. Also muss sie da auch durch. Deinen Prügel in der Hand ziehe ich diesen durch ihre nasse Votze. Wie eine Feder gespannt ruckt Lair hoch. Finn greift nach den Titten und zieht sie gleich wieder runter. Leck ihn weiter mach ihn fertig sag ich zu Lair. Lass dich nicht stören dabei und wehe du tust ihm weh, wenn Peer dich plündert.

Fest schließen sich Peers Hände um deine Hüften du mit einem leichten Klaps meiner Hand auf seinen Po, rutscht er auch schon fast zur Hälfte in die schmatzende Votze. Diesen Ansturm diese Dicke und länge war dir nicht bekannt. Sofort verspannst du dich. Psssssst Lair, bleib locker, sonst tut es weh und du willst doch die Lust erleben und keinen Schmerz. Leicht massierend du innehaltend machst du sie wieder weich und geschmeidig. Zentimeter für Zentimeter drückst du dich tiefer in die Votze. Finn drückt seinen Schwanz auch wieder tiefer in ihren Schlund. Meine Kamera klickt und klickt, dieses Bild. Herrlich ich sehe es so gerne wenn ein richtiger Schwanz sich den engen Weg bahnt. Leicht ziehst du dich raus. Bleib, nass glänzend kommst du aus ihrer Tiefer hervor. Schnell reiche ich dir den Tiegel mit der Creme. Ich denke du musst sie gut vorbereiten. In langsamen Stößen versenkst du dich wieder in der Hitze. Gleichzeitig verwöhnst du mit Creme und einem Finger die super enge Povotze. Langsam entspannt sich Lair auch wieder. So viel Neues erlebt sie heute.

Plötzlich ziehst du dich völlig aus ihr heraus. Wimmernd mit Finns Schwanz im Hals bettelt sie nach mehr. Keine Sorge Lair du bekommst noch mehr. Fest umfasse ich wieder deinen Schwanz. Zittern und pumpend liegst du in meiner Hand. Meine Zunge streichelt das Köpfchen. Saugt dich tief ein.

Deine Finger weiten langsam die Povotze von Lair. Wieder verspannt sie sich. Doch du, mein Ungeduld, willst dort rein. Ein harter Klaps auf die Kehrseite und schon geht es wieder. Mit drei Fingern bist du schon in ihrem Arsch. Lautes Stöhnen von dir. Himmel ist die eng. Nur ich weiß genau das reizt dich noch mehr. Zitternd, vornübergebeugt stemmst du dich an der Wand ab. Sachte führe ich deinen Pfahl an die heiße enge Röhre. Schiebe mich hinter dich und drücke dich immer noch in der Hand halten in Lairs Arsch hinein. Sie ruckt hoch. Schreit! Fest schließt sich ein Arm um ihre Schultern. Finn hält sie an den Hüften und immer weiter drücke ich von hinten dich in sie hinein. Doch plötzlich geht es nicht mehr weiter. Sie ist einfach zu eng.

Bis aufs äußerste erregt kannst du dich nicht mehr beherrschen. Sofort lässt du Lair los, greifst nach hinten und ziehst mich vor. Ein Schups, mein Arsch leuchtet dich an. In Wildem Stakkato rammst du die komplette dicke Länge in mich hinein. Von dem Anblick verzaubert dreht sich Lair sie will es genau sehen. Diesen Moment nutzt Finn und vergräbt ohne Umschweife seinen Schwanz in ihrem Arsch. Im Gleichtakt vögelt ihr nun zwei herrliche Ärsche. Hart angespannt kann ich dich kurz vor der Explosion spüren. In harten Stößen komme ich dir entgegen, fordre dich auf weiterzumachen. Hart greifst du meine Brüste. Wild beißt du mich zwischen Schulter und Hals hältst dich mit den Zähnen dort fest und mein Arsch kreist und lockt dich immer mehr. Ein Tiefer steinharter Stoß noch von dir und schon füllt mich deine heiße dicke Sahne. Auch Finn ist schon so weit, flugs zieht er sich heraus und verströmt sich auf der gerötteten und heißen Povotze von Lair. Gesättigt und zufrieden verschwindest du sofort ins Bad. Stopp mein Lieber, heute gehört dein Schwanz nur mir. Gemeinsam stehen wir unter der Dusche und mit Zartem sachten Streicheln, wasche ich deinen Pfahl. Massiere die noch harten Eier. Ein feiner Wasserstrahl spült die Seife ab und sofort spüren meine Lippen und Zunge nach, ob auch alle Seife weg ist. Uih, herrlich wie der kleine und doch so große Peer schon wieder zuckt du bebt. Du ziehst mich hoch. Drehst mich um, du willst meinen Arsch sehen, die heiße Votze leuchten sehen. Nimmst dich selbst in die Hand, reibst dich an meinen prallen Backen und hallo? Was is dat denn? Dein Goldener Saft rinnt über meine Backen, sammelt sich an meinen Votzenlippen und tropft langsam in die Wanne.

Erst jetzt bist du zufrieden, satt, zufrieden lässt du dich gegen die Wand sinken und überlässt es mir dich trocken zu rubbeln. Welch eine Freude du mir heute wieder gemacht hast. Bis bald meine Liebe, bleib sauber und schon bist du wieder auf dem zur BAB, der nächste Kunde wartet.

118

Heute mein lieber Finn sind wir mal ganz für uns alleine. Meinste das gefällt dir auch? Du grinst, also hast du doch wieder wen eingeladen? Finn, wirklich, dabei wollte ich dich heute so richtig leiden lassen. Wer kommt denn noch? Dein Namensvetter meinst du nur. Ah also ein weißer Fremder? Fingal? Von dem du mir schon erzählt hast. Ein Hengst der immer kann und sehr wenig Pause braucht? Na schön, ich kann's nicht mehr ändern. Doch dann bist du fällig. Ab mit dir, geh dich anziehen. Ich hab dir was Feines hingelegt. Hab dir extra was besorgt. So schnell habe ich dich selten gesehen. Sofort verschwindest du im Spielzimmer. Ein wundervoller Nylonoverall liegt da auf dem Bett für dich bereit. Langsam streifst du ihn dir über. Kann dich schnurren hören, als das Nylon deine Haut streift. Ich lehne in der Türe und schaue dir zu, da kommt ein ups was ist das denn? Ein kleines Stück extra Nylon. Sacht helfe ich dir deinen Schwanz dort drin zu platzieren. Ein Overt-Overall mit extra Penistasche. Ja das kennst du noch nicht. So neu eingekleidet, streichel ich deine Haut. Ein Schauer der Lust rinnt dir über den Körper.

Mom, mein Schatz, es klingelt. Fingal ist da. In meiner schwarzroten Corsage und einem Overt-Spitzenslip geh ich öffnen. Mit meinen vierzehn Zentimeter High Heels bin ich immer noch einen guten Kopf kürzer als Fingal. Welch ein Mann! Komm rein du ein Bild von einem Mann, willkommen Fremder, bist du bereit? Die Geilheit leuchtet aus seinem Gesicht. Komm lass dir helf, gemeinsam helfen wir Fingal aus der störenden Kleidung. WOW was ist das denn? Du hast ja ein fast so tolles Gerät wie Peer. Zeig mir mal ob du damit auch umgehen kannst. Finn, bleib da. Auf die Knie mit dir. Zeig mir wie ein Mann geleckt und geblasen werden will. Meine Hände spannen sich um den Po von Fingal, deine Hände reiben, massieren und kneten. Tief saugst du den Schwanz in deinen Hals, doch schon bald geht es nicht mehr weiter. Mit beiden Händen umschließt du die Härte. Deine Zunge streichelt die pralle Eichel. Wie ein dicker Pilzkopf reckt sich die Eichel über dem Schwanz. Meine zarte Hand greift fest nach den Eiern im schwingenden Sack. Herrlich ich liebe es, kann es schon vorm einem inneren Auge sehen wie sein Sack gegen deinen schlägt wenn er dich nachher so richtig durchvögelt. Doch dass ich dies verlange, weißt du noch nicht. Voller Ehrfurcht leckst und schleckst du den Prachtschwanz. Schnell greife ich dir ins Haar, ziehe deinen Kopf ein klein wenig zurück. Nehme dir den Schwanz aus der Hand und streichle damit deine Lippen. Leicht kratzen meine Nägel über Fingals hart gespannten Bauch. Hart zieht Fingal die Luft in seine Brust. Schnell pulst der Prügel, hart fängt er an zu pumpen in den Eiern. Sofort stoße ich hin zur Seite. Lasse den Schwanz in Ruhe, frustriert motzt Fingal da doch gleich. So will er sich doch wirklich selbst in die

Hand nehmen. Stopp mein Lieber, das kann ja gar nicht sein.

Langsam schiebe ich dich zur Türe. Fingal sieht mit Interesse was du noch nicht bemerkt hast. Sacht heb ich deine Arme. Oben am Türstock ist je eine Schlaufe angebracht. Flink rutscht eine Hand nach der anderen in die weichen Schlaufen. So in Nylon gepackt und fixiert stehst du nun wehrlos zu unserer Verfügung. Vier Hände streichen über deinen Körper, massieren die freien Nüsschen. Reiben deinen Schwanz durch das Nylon. Sacht schlüpft ein Finger durch deine Poritze. Hart spannst du die Backen an. Hey Finn, du wolltest es erleben, also lass locker. Mit viel Creme mache ich deine kleine Rosette weich und geschmeidig. Fingal bläst dich hart und groß. Langsam steht er auf, umrundet dich streichelt dich überall. Keuchend und zitternd stehst du da. Fix hole ich noch ein weiches Tuch, mit meinen hohen High Heels bin ich direkt auf Augenhöhe mit dir und kann dir so bequem die Augen noch verbinden. Fühle, Spüre, du sollst nicht mehr sehen, denken. Sollst nicht mehr wissen welche Hände welche Zunge wo wann an dir ist. Herrlich wie doch Dunkelheit bewirkt dass sich mein Finn entspannen kann. Gell, es ist so viel einfach zu genießen. Sacht schiebe ich dir einen Finger in deine fast jungfräuliche Povotze. Sogleich schiebe ich einen zweiten hinterher. Fingal kümmert sich liebevoll und doch bestimmt um deinen Schwanz. Der tropfend und in Nylon gehüllt zittert und bebt nach viel, viel mehr. Schnell hole ich mal einen der kleineren Dildos.

Will dich langsam an den herrlichen großen Prügel gewöhnen. Schwups ist der Dildo in dir, sacht gedreht und immer wieder leicht zustoßend dringt dein Schwanz immer tiefer in Fingals Hals. Hart spannt sich dein Körper und in heißen Wellen verströmst du dich in Fingal.

Jetzt erst machen wir dich wieder los. Ich ziehe dich mit mir mit. Sogleich liegst du neben mir. Hältst meine Beine und siehst wie bei jedem Stoß von Fingal in meine Votze mein Saft hervorquillt. Leicht neigst du den Kopf leckst meine Perle und Fingals Schwanz wenn er aus mir wieder zum Vorschein kommt. Deine Hand massiert Fingals Eier. Wie ein Schwall ergießt sich Fingal in meine Votze. Sofort schiebst du ihn weg. Nur zur Seite. Hältst seine Eier in festem Griff und massierst weiter und senkst den Kopf, schlürfst alles aus meiner triefenden Spalte. So gesättigt und schon wieder geil ohne Ende, drehst du den Kopf, leckst Fingals sauber und trocken. Bläst ihn wieder hart und groß. Sacht ziehe ich an dir, drehe dich um, nun kniest du endlich über meinem Kopf. Sofort sauge ich dich hart in meinen Hals. Wild geht dein Puls. Hämmert gegen die Härte. Fingals streicht leicht und zart über deinen knackigen Hintern. Leicht spreizt er deine Backen. Keuchend und noch immer an meiner Votze saugend zittern deine Beine vor Vorfreude. Sacht legt Fingal seinen Prügel an deine Povotze. Reibt sich an dem kleinen krausen Loch. Heiß kannst du die dicke Eichel an der Engstelle spüren. Tztz, Finn entspann dich.

Plötzlich drückt sich Fingal tief in deinen Arsch. Schreiend bäumst du dich auf, fällst wieder über mich und beißt dich in meinem Schenkel fest. Immer tiefer treibt Fingal sich in deinen Arsch. Steinhart pulst du in meinem Mund. Hart ohne Rücksicht vögelt Fingal deinen weichen Arsch. Hart spannen sich deine Muskeln um ihn zusammen. Und er wird dadurch noch härter und wilder. Hart drück er dich auf mich, in heftigem Ritt nimmt er dich. Wimmernd vor Schmerz, und voller Geilheit stößt du nun dich immer wieder gegen ihn. So angetrieben kann ‚Fingal nicht an sich halten. Fest packt er dich du rammt sich bis zum Anschlag rein. Zieht sich fast völlig zurück um dich wieder zu pfählen. Herrlich wie eure Eier mein Gesicht streifen. Wundervoll wie die Eier aneinander klatschen. Welch geiles Geräusch. Bald wimmerst du um eine Pause, doch nachdem Fingal den ersten Schuss los war ist er nun Standfest. Hart zieht er dich zu sich an sich. Um dich noch tiefer zu vögeln. Langsam rutsche ich unter dir weg. Setzt mich voll gespreizt vor euch und ficke mich selbst mit unserem schwarzen Lieblingsdildo. Dies heizt Euch noch weiter an. Fingal verzögert jetzt jeden Stoß nur um dich unerwartet bis zum Anschlag zu pfählen. Dein Schwanz tanzt und tropft durch das Nylon. Hart nimmt Fingal dich nun wieder her. Meine Votze tropft auch schon wieder. Es macht mich so irre an wenn ich sehe und höre wie eure Eier aneinander klatschen. Wenn ich das Schmatzen deiner gut geschmierten Povotze höre wenn Fingal seinen Prügel in dich rammt. Urplötzlich ist es soweit. Fingal wirft den Kopf zurück, total angespannt schießt seine Sahne in deinen Arsch dies zu spüren bringt auch dich an den Rand der puren Lust und heiß Schießt deine Sahne durch das Nylon. Ermattet und bis zu Erschöpfung gevögelt lasst ihr beide euch neben mir nieder.

Irgendwann höre ich dich noch sagen, man war das geil. Bitte bald mal wieder und schon seid ihr beide eingeschlafen.

119

Oh, jetzt hab ich dir den kleinen Finger gegeben und nun willste das so oft es geht? Hm, gut ich schenke dir noch eine davon. Gestern hab ich noch etwas im Spielzimmer gebaut für Dich. Hab am Kopfende eine Runde Stange angebracht, über die ganze Länge und zusätzlich noch zwei Ringe. Dann hab ich dir noch Erin eingeladen. Finn und ich haben sie im Club kennengelernt. Denke mal sie ist richtig für dich. Finn und Fingal haben sich mit eingeladen damit ich nicht so hungern muss wenn du ein neues Spielzeug hast.

Ich mag es wenn du und Fingal zusammen steht und ihr euch verbal darüber auslasst was ihr alles mit Erin, Finn und mir anstellen wollt. Fingal erzählt dir gerade wie hart er Finn letztes Mal rangenommen hat. Dein Schwanz tanzt schon jetzt vor Vergnügen. Während ihr beide euch so unterhaltet fixiert ihr Erin an dem runden Stück Holz. Schnell stopft Fingal noch ein dickes Kissen hinter ihre Schultern. Diese Position gefällt dir doch sehr gut, drängt sie dir doch die Titten entgegen. Jetzt hab ich Finn auch neben Erin fixiert. So kann er nur den Kopf hin und her drehen und zusehen. Kennst du die Qual des Zusehens? Selbst so irre geil und steinhart zu sein, jedoch nicht mit eingreifen zu können. Erin streckt mal vorsichtig ein Bein aus. Das zarte Nylon darum streicht über Finns

Schwanz. Gemeinsam hebt ihr schnell die Beine von Erin, fixiert sie noch an den Ringen mit genug Spiel.

Fingal meint er müsse sie erst mal so richtig heiß lecken. Deine Hände vergreifen sich ohne Umschweife an meinem Arsch. Tief und hart dringen deine Finger hinein. So hart wie du mich mit der Hand nimmst, so hart reibe ich Finn und sauge Fingal. Finn reckt sich fast den Hals aus, weil er diesen Anblick, deine Hand in meinem Arsch so erregend findet. Sofort greifst du mit der anderen Hand nach seinem Kopf und versenkst deinen Prügel in seinem Hals. Keuchend und würgend schnappt Finn noch nach Luft. Auf diesen Ansturm war er nicht gefasst. So von Finn richtig aufgeblasen, drehst du mich ein klein wenig. Versenkst dich mit einem harten Stoß sofort bis zum Anschlag in meiner Povotze. Fingal ist nun auch schon mit der ganzen Hand in Erins Votze. Heißer Saft quillt hervor. Schmatzend schiebt er sie rein und raus. Du fasst nach Erins Bein, schiebst sie ein wenig zur Seite. Und nun ist dein Schwanz in meiner Povotze und du schiebst nun deine Hand noch in ihre. Wimmernd hängt sie in den Seilen. Finn liegt auch fixiert in dem Durcheinander von Beinen und Körpern. Zitternd am ganzen Körper ist er kurz vom Zerplatzen und doch kümmert sich niemand um ihn.

Fix ziehst du deine Hand aus ihrem Arsch, deinen Prügel aus meinem und versenkst dich sogleich in Erins Arsch. Wild vor Schmerz bäumt sich Erin noch auf. Doch harte Hände, und ein dicker Megaschwanz halten sie auf. Fingals Finger massieren deine Härte in ihren Tiefen. Fest umfassen meine Finger deine Eier, und ich versuche Fingals Schwanz ganz in meinen Hals zu bekommen. Ohne Vorwarnung spuckt Fingal in meinen Mund. Dicke weiße Sahne tropft heraus. Finn keucht und stöhnt, habe ich mich doch extra so gedreht damit er es gut sehen kann. Weiß ich doch wie sehr er es liebt zuzusehen und doch im Geschehen bei zu sein. Sacht schiebe ich Fingal näher an ihn heran. Sofort leckt seine Zunge nach dessen Eiern. Saugen sie sacht zwischen die Zähne und knabbern daran. Sofort schwillt Fingal i meinem Mund wieder zu seiner prallen Größe an. Zittern und völlig angespannt vögelst du langsam Erins Arsch. Nun dreht sich Fingal und stößt seinen Prügel noch in Erins Votze. So gefüllt platzt siewieder mit einem Schwall heißem Votzensaft. Auch du kannst dich nicht mehr zurückhalten und ergießt dich in ihrem Arsch.

Kaum hast du den letzten Tropfen in sie gepumpt willst du dich zurückziehen. Doch nein mein Lieber Peer, so haben wir nicht gewettet. Schnell schiebe ich ein, zwei Finger in dich hinein und drücke immer fester. Halte dich fest in ihr gefangen. Fingal vögelt sich irre in ihrer Votze und reibt dich dabei wieder hart. Fest greift du nach dem Holm, musst dich halten, Finn windet sich unter dich. Leckst und saugt an deinem Sack. Schnell greife ich in die Lade und hole einen kleinen feinen Freudenspender hervor. Unbemerkt mache ich nebenher noch Finn los von seinen Fesseln. Sacht neige ich den Kopf und flüstere ihm ein paar Worte zu. Langsam windet sich Finn unter dir hervor. Der Dildo spendet dir irre Freude. Reibst und massiert deine kleine Perle in der Tiefe. Festgenagelt zwischen mir und Erin, hast du keine Möglichkeit dich zu bewegen. Immer härter stoße ich dich. Mit jedem Stoß von mir dringst du tiefer in Erin. Presst du mit deinem Prügel Fingals im vorderen Eingang. Welch eine Freude dass Figal nach dem ersten Schuss so lange kann. Nun endlich kniet Finn hinter Fingal. Mit einer feinen Drehung schiebt und stößt er seinen harten Schwanz in Fingals Povotze. So malträtiert, kann Fingals sich doch nicht mehr halten, er sprudelt, sprudelt. Diese Hitze spürst auch du und schon spritz du fröhlich mit. Erschöpft wollt ihr euch nun zurückziehen. Doch nein meine Herren, so nicht. Bitte lasst mich nicht so allein. Flugs greifst du dir den blauen Kugeldildo und vögelst mich damit bis auch mein Saft an denen Armen hinunterrinnt.

Welch herrliche Mittagspause war das mal wieder. Entspannt, satt und zufrieden geht jeder wieder seiner Wege.

120

Hallo Peer, oh Mann, was hast du nur mit Lair angestellt? Sie bettelt immer wieder und fragt nach wann du mal wieder bei mir bist. Dabei habe ich Kopfschmerzen ohne Ende und bräuchte deinen genialen Schwanz der mich so richtig durchvögelt, damit der Blutdruck mal wieder richtig steigt, und du mir die Schmerzen aus dem Kopf vögelst. Weißte hab mir extra für dich eine feine schwarz-goldene Corsage gekauft. Weiß ich doch wie sehr du es liebst mich so gekleidet herzunehmen.

Ah schon kommt Antwort. Gleich? Echt das wir ja ein Spaß. Schnell flitze ich ins Bad. Muss doch meine Arschvotze lecker für uns machen. Schon der Gedanke dass du gleich herkommst macht mich irre geil und tropfend. Und schon wieder klingelt das Telefon, Lair? Ja Peer kommt gleich zu mir. Kaum hab ich ausgesprochen legt sie auf. Kurz darauf steht sie vor der Türe. Geil angezogen, so richtig für deine Augen. Kaum hat sie den Mantel ausgezogen wippen ihre Titten frei und blos über der engen Corsage. Auch ich bin nun angezogen. Mal sehen wer dir heute zusagt. Kaum ausgedacht klopfst du schon an die Türe. Schnell zieht Lair dich herein und vergreift sich gleich an deiner Hose. Mann sind wir geil heute.

Fix schiebst du sie von dir. Drängst Lair ins Spielzimmer. Drückst sie hart an die Wand und versenkst deinen Prügel ohne Rücksicht in ihrem Arsch. Schreiend nimmt sie dich auf. Dreht und windet sich von dir aufgespießt. Hart drückst du sie fester an die raue Wand. Die Kälte der Wand und die irre Hitze deines Prügels in ihrem Arsch törnt noch mehr an. Wild hämmerst du dich immer tiefer. Ich seh schon ich komme heute zu kurz, und was mache ich dann mit meinen Kopfschmerzen? Schnell greife ich ein. Fest schließen sich meine Finger um deine harten Kugeln in dem feinen Sack. Mal kurz fest zudrücken und schon hab ich dich wieder auf der Erde. Leicht drehst du dich und kneifst meine Warzen. Drückst und massierst meine Titten. Komm Lieber, ich will dich spüren, dich ficken bis du nur noch sprudelst.

Schnell ziehe ich dich von Lair weg. Motzend lässt Lair sich das gefallen. Langsam setzt sie sich auf den Stuhl um zuzusehen was du mit mir machst. Fix bindest du sie fest. Kein Eingreifen ihrerseits möglich. Protestierend fügt sie sich jedoch, denn ihr bleibt nichts anderes über. Sie soll auch nicht so leer dasitzen meine ich noch und reiche dir zwei dicke Dildos. Sogleich versenkst du den dicken schwarzen in ihrem Arsch. Hart sitzt sie darauf, kann sich nicht befreien. Schnell bindest du noch ihre Beine an die Armlehnen und schiebst den dicken blauen Kugeldildo in ihre nasse Votze. Heiß und hart dreht und wendet sie sich. Ein kleiner Druck, und der Dildo flutscht heraus. So nicht meine Liebe. Hart schiebst du nun das Vibro-Ei in sie hinein. So das sitzt und sie kann es nicht loswerden. Jetzt widmest du dich völlig mir zu. Hart dingt deine Hand in meine Votze ein. Schmatzend heiße ich dich willkommen, dränge mich immer dichter an dich. Leicht drehst du dich in mir. Deine Finge spielen wie auf einer Klaviatur. Schnell steigt meine Lust, hart steigerst du meine Gier nach mehr. Bitte Peer, gib mir deinen Prügel ich will dich hart und tief in mir. Wie immer lächelst du und verneinst. Noch nicht. Warte du bekommst noch alles von mir. Immer wieder ziehst du dich zurück. Reibst den prallen Kopf an meiner glitschigen Arschvotze und gibst mir doch nicht was ich so dringend brauche.

Es klingelt. Verschmitzt lächelnd ziehst du dich völlig heraus. Gehst öffnen. Wer kommt nun noch? Finn? Fingal? Ah Fingal betritt nackt und voll ausgefahren den Raum. Sofort stürzt er sich auf Lair. Halt! Fingal hier her zu mir. Ich brauche euch beiden heute. Sofort ziehe ich dich her. Falle mit Händen und Lippen über dich her. Ah ja hart und heiß liegst du in meiner Hand. Leicht hebe ich mich über dich und nehme dich tief in die triefende Votze auf. Peer sieht zu und lässt mich machen. Sacht reibt er sich vor meinen Augen. Gierig leckt meine Zunge über die Lippen. Mit einer Hand stütze ich mich auf Fingals Brust ab, reite ihn langsam. Mit der anderen Hand ziehe ich dich an deinem Schwanz zu mir. Sauge den wundervollen Prügel tief in meinen Hals. Fingal stößt hart von unten gegen mich. Schnell greifst du in mein Haar, windest die Strähnen um deine Hand und hältst mich s fixiert. In langen sanften Stößen dringst du immer tiefer in meinen Hals vor. Ja der erste Schwall rinnt mir den Schlund entlang. Schnell schlucke ich. Lecker ich leibe deine Sahne. Gib mir mehr.

Fingals Hände umspannen meine Hüften, drücken mich ein wenig nach oben und schon verschwindet dieser Megaschwanz in meinem Arsch. Hart und schnell reite ich ihn. Immer tiefer vögelst du meinen Schlund, deine Hände kneten und drücken die Titten von Lair dabei. Diese sitzt stöhnend neben uns und läuft schon vom Zusehen aus. Keuchend und bettelnd nach einem Schwanz sitzt sie zitternd da. Laut aufschreiend verströmt sich Fingal in meinem Arsch, sofort gleite ich von ihm und strecke dir meinen pralle Herrlichkeit hin. Sofort kommst du der Wortlosen Aufforderung nach und rammst deine volle Länge in mich hinein. Welch herrliches Gefühl. Fest schließen sich alle Muskeln um dich zusammen. Hart massiere ich dich tief in mir. Fingal schiebt sich unter mir hervor. Treibt seinen auf halbmast stehenden Prügel in Lair's Schlund und ohhhhhhh ja mach weiter, seine Hand in meine Votze. Hart drückt er dich und reibt seine Finger in mir an deiner Härte. Wild rammst du dich immer tiefer, immer härter. Endlich, man Peer wie hat mir dein Prügel gefehlt. Ja mach weiter fester, vögel mich, ficke und stoße bis ich nicht mehr kann. Nein Peer, nicht aufhören mach weiter. Fest klammere ich mich am Holm über dem Bett fest. Jedem Stoß von dir komme ich freudig entgegen.

Fingal vögelt nun mit Freuden Lair's Hals und schwillt dabei immer härter an. Leicht zu uns gedreht, greift er leicht nach deinen Eiern. Sacht massiert er dich dort und flutsch ein Finger von ihm gleitet in deine Arschvotze. Dies macht dich wiederum so wild dass du dich unkontrolliert in mich reinhämmerst. Immer härte und schneller. Noch Peer, mach weiter so, noch, jaaaa noch! mach schon! gibs mir du geiler Hengst. Ramme dich noch tiefer. Wild aufbäumend ergießt du deinen heißen Saft in mich hinein. Fest halten meine Muskeln dich. Geh noch nicht raus lass mich dich noch ein wenig spüren bitte. Ohhhhhhhhhhhh, was ist das denn? Kaum hast du dich in mir entladen, schießt auch noch dein goldener Saft hinein. Von diesem Ansturm und zum Bersten gefüllt schießt mein Saft aus meiner Votze, trifft heiß deinen Sack und rinnt dir die Schenkel hinunter. Langsam ziehst du dich nun zurück. Lehnst dich zurück und schaust zu wie dein goldener Saft gemischt mit deiner Sahne aus mir herausrinnt. Ermattet, endlich satt und zufrieden, vom Schmerz befreit liege ich weit geöffnet vor dir.

Das mein Freund, darfst du mir viel öfter schenken.